沧浪 著

成长的秘密

——青春期女孩心理知识手册

中国妇女出版社

图书在版编目(CIP)数据

成长的秘密．青春期女孩心理知识手册 / 沧浪著
．— 北京：中国妇女出版社，2015.10
ISBN 978-7-5127-1153-2

Ⅰ.①成… Ⅱ.①沧… Ⅲ.①女性－青春期－心理健康－健康教育 Ⅳ.①G479

中国版本图书馆CIP数据核字（2015）第196769号

成长的秘密——青春期女孩心理知识手册

作　　者：沧　浪　著
责任编辑：陈　元
封面设计：韩庆熙
插画绘制：樊　帆
责任印刷：王卫东
出版发行：中国妇女出版社
地　　址：北京东城区史家胡同甲24号　　邮政编码：100010
电　　话：(010) 65133160（发行部）　　65133161（邮购）
网　　址：www.womenbooks.com.cn
经　　销：各地新华书店
印　　刷：北京中科印刷有限公司
开　　本：170×240　1/16
印　　张：10
字　　数：114千字
版　　次：2015年10月第1版
印　　次：2015年10月第1次
书　　号：ISBN 978-7-5127-1153-2
定　　价：32.00元

序言
FOREWORD

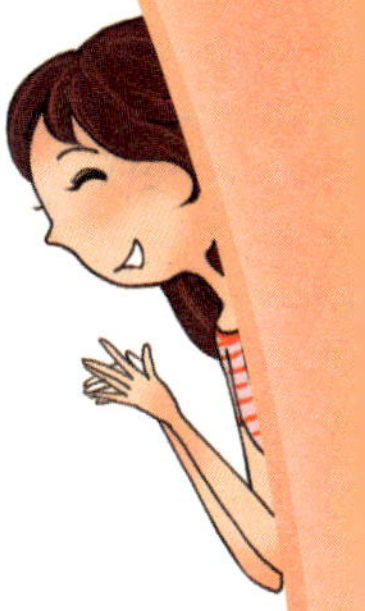

我是带刺的玫瑰吗

沐浴着阳光，原来那个天真可爱的小丫头慢慢成长，慢慢进入了青春期。

成长对每一个女孩来说，都是那样的不可思议，就像一粒种子慢慢地从土里伸出它那细长的茎，朝着天空的方向长出叶子并开出花朵。这花朵鲜艳美丽，却又像长着刺，一不小心就扎到了身边的人。在这一切变化的背后，藏着怎样的秘密，你并不知道。这些秘密，爸爸妈妈也不一定能完全告诉你。

女孩像花朵慢慢盛开越来越美丽，走进了“花季”；同时，花朵上的尖刺又难免引来“风雨”，使我们感受到莫名的忧伤，走进了“雨季”。这些变化，既让我们感到欣喜，有时又让我们感到烦恼。这些欢喜、悲伤在我们成长的道路上，留下一串串属于青春的足迹。

青春期，我们也许不再是爸爸妈妈眼里的“乖乖女”，因为我们不再愿意像木偶一样被动地听从安排，而是渴望用自己的眼睛看世界，用自己的标准衡量是非曲直。这时候的我们，自我意识形成，独立性增强，从被动到主动，从依赖到独立。

青春期的我们不再是懵懂无知的小女孩了，我们变得非常敏感，常常会因为一点点微不足道的小事，引起情绪翻天覆地的变化。或许只是因为老师的一句表扬，就会信心十足；或许只是因为一句批评，情绪就一落千丈。

进入青春期，我们也进入了“多事之秋”，喜欢待在自己的房间里，珍藏着只属于自己的小秘密，偷偷地想起一个男生并为他脸红。我们学会了掩饰、隐藏自己的真实情绪，有时很难过，却不会在爸爸妈妈面前表现出来，怕他们问太多泄露了自己的秘密。

青春期的我们是多么矛盾啊！我们一天一天在长大，但还不算大人；我们一天一天在长大，所以又不再是小孩。原来的孩童世界已被打破，但新的成人世界又未建立，此时的我们面临着许多尴尬。

也许爸爸妈妈会觉得我们变了，不听话了，但许多青春期的女孩都是这样的。美国和加拿大学者的最新研究指出，青春期少年的大脑中，负责控制感情和冲动的神经尚未发育成熟，情绪的稳定性比较低，这就是他们易冲动的原因。

这时候的我们，精力旺盛，容易冲动，常常有严重的逆反心理。

这时候的我们，也是最好奇的孩子，对所有新鲜事物都充满好奇心。因为我们还不太能明辨是非，所以容易盲目追求个性，比如喜欢另类的装束，寻求与众不同，并把这些当成向同伴炫耀的资本。但我们毕竟还是成长中的孩子，就算感觉自己已经是大人，但对家庭、学校和社会的依赖性依然很强，在学习、生活和思想等方面遇到问题时，依然希望得到成年人的指导和帮助。

尽管青春期的女孩会遇到各种各样的烦恼，但成长是每个人的必经之路，那些歪歪斜斜的足迹会随风散去，留下的将是最美好的回忆。那么，面对青春期的困惑，我们到底应该怎么办呢？

很简单，这本书会解除你的困惑，让你度过更加美好的青春时光。

首先，要学会控制自己的情绪。青春期的女孩情绪不稳定，容易冲动，必须学会控制。俗话说“遇事三思而后行”，遇到事情要克制和冷静。其次，要学会转移心理压力。遇到心理问题，学会用转移法进行消解。比如，积极参加各项有意义的文体活动、体育运动等。再次，学会宣泄。比如，向朋友倾诉、偷偷地哭一场、找个没人的地方把郁闷喊出来等都是比较有效的。最后，要注意休息。良好的睡眠才能带来良好的精神状态，这是心理健康的基础，所以要养成早睡早起的好习惯……

亲爱的女孩，你不是带刺的玫瑰，你正走在成长的路上，飞奔向前，随着时间的流逝，你将变得更加成熟、美丽、独立和自信。

愿所有的女孩在青春最美好的时刻，留下最美丽的身姿！

目录

CONTENTS

第一章 坦然面对自己的成长

成长对于每一个女孩来说，都是那样的不可思议，就好像一粒种子慢慢地从土里伸出它那细长的茎，朝着天空的方向长出叶子并开出花朵。在一个人的成长过程中，会遇到许多挫折和挑战，女孩应该学会坦然面对，迎接成长的洗礼。

第二章 学校的那些事儿

亲爱的女孩，你现在享受的是纯真年代里最美好的青春时光，它一去不复返，你一定要好好珍惜，别等到失去它之后才后悔莫及。

第三章 控制不住自己的情绪

在渐渐长大的过程当中，很多女孩发现自己的情绪越来越难以控制了。当然，长大总会有些小情绪，但是如果你无法控制这些情绪的话，就会给自己带来一些非常不利的影响，甚至让别人看低自己。所以，你一定要学会情绪管理，让自己变得更加快乐和阳光。

第四章 我的身体怎么了

童稚尚未退去，你却已经被时间推着走进了一个新的成长阶段。你开始惊慌失措，对这种变化充满了好奇，却又感觉应付它有点儿力不从心。但其实，这正是成长的一部分。你的羞，你的恼，你那淡淡的哀愁，你的妈妈都经历过。只要你开口，妈妈就能读懂你的心，也能给你最好的指点。

第五章 与朋友相处的那些事儿

英国有句谚语说：“没有相处能力的人，就像陆地上的船，永远也到不了人生的大海。”世界上没有任何一个人不需要和人交流，也没有任何一种工作不需要和人打交道。所以，从小时候开始，女孩就要学会人与人之间的相处之道，不但要获得别人的赞誉和尊重，还要在与人交往的过程中找到自己的位置和提升自己的动力。

第六章 原来生活处处是学问

生活是一本非常复杂的百科全书，饮食、休闲、养生、时尚等，处处都是学问，每一个课题里面都包含着非常繁杂的内容，是女性一生都要学习的知识。所以，女孩在生活中应多关注这些学问。

第一章

坦然面对自己的成长

成长对于每一个女孩来说，都是那样的不可思议，就好像一粒种子慢慢地从土里伸出它那细长的茎，朝着天空的方向长出叶子并开出花朵。在一个人的成长过程中，会遇到许多挫折和挑战，女孩应该学会坦然面对，迎接成长的洗礼。

想做最优秀的女孩吗

“魔镜魔镜告诉我，谁是世界上最优秀的女孩？”如果每个女孩都有面魔镜，那么大概被问得最多的就是这个问题。她们不祈求恩赐，她们更希望自己赋予自己“美玉”之质，自己去创造美丽人生。因为，每个女孩都想做最优秀的女孩。

那么，最优秀的女孩是什么样子的呢？很多女孩应该都知道，在我国古代有一位美丽的洛水女神，《洛神赋》上是这样描述的：

其形也，翩若惊鸿，婉若游龙，荣曜秋菊，华茂春松。髣髴兮若轻云之蔽月，飘飖兮若流风之回雪。远而望之，皎若太阳升朝霞。迫而察之，灼若芙蕖出渌波。秾纤得衷，修短合度。肩若削成，腰如约素。延颈秀项，皓质呈露，芳泽无加，铅华弗御。云髻峨峨，修眉联娟，丹唇外朗，皓齿内鲜。明眸善睐，靥辅承权，瑰姿艳逸，仪静体闲。柔情绰态，媚于语言。奇服旷世，骨像应图。

想象着被描绘得如此美丽的女性，估计很多女孩都开始幻想，把自己想象成那个女神，一会儿又醒悟过来，对自己也对自己喜欢的人说："不要迷恋洛神，那只是个传说。"

随着女孩一天天地长大，她们逐渐开始探究自己，知道了每个女孩都拥有自己最优秀的一面，具有独特的美和各种能力。

女神尽管完美，却难免给人一种距离感，只能远观而已。而现实中的女孩则是一个个鲜活而有个性的生命，是一个个创造世界的精灵。她们聪明活泼、精力旺盛，她们好奇心强、视觉敏锐，她们总在发现和探索未知。世界在她们的掌心，张开手，放飞的是一个飞翔的愿望；抬起脚，丈量的是实实在在的人生。

作为女孩，你要早早开始自己的心灵修炼之旅：用爱来弥补世界对女孩的不公，爱世界，爱他人，爱自己，爱敌人，爱友人，爱现在，爱过去，爱未来，爱幸福，爱痛苦……用独立来描绘女孩的伟大。

女孩天生具有灵性，但自身也有一些不足，如力量相对薄弱，有时会产生虚荣心和忌妒心等。很多弱点经过放大以后，就像阿喀琉斯之踵一样，成为女孩致命的弱点，如果不改变，就可能会影响女孩一生的幸福。

一个真正具有爱心的女孩，不必处处显得坚强，她的一滴感性的眼泪就可能让钢筋铁骨一样的男人相形见绌；一个真正具有爱心的女孩，不必处处显示自己超人的能力，她的几句轻描淡写的话语就可能让别人的处心积虑土崩瓦解；一个真正具有爱心的女孩，不必刻意美化自己的形象，只要按照内心的需求来行事，就能给世人一个完美的女性形象。

对于一个成长中的女孩来说，爱心是心智成熟的第一个标志，只有拥有爱心，才能容纳整个世界，也才能成为最具发展潜能的优秀女孩。同时，独立是女孩心智成熟的第二个标志，只有独立的女孩，才能让自我价值得到最大的提升。总之，为了完成心灵的建设，女孩先要融入整个世界，把自己和世界看成一个整体，包容一切，热爱一切，然后再爱护自己，发展自己。这样，你就能成为最优秀的女孩。

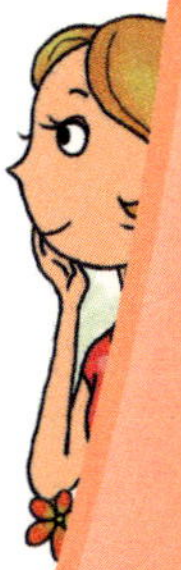

没有人能替你长大

你听过这个寓言故事吗？

小蜗牛问妈妈：“我不喜欢自己是蜗牛，因为我不明白为什么我从生下来就要背负这个又硬又重的壳。”

妈妈：“我们的身体没有骨骼的支撑，只能爬，又爬不快，所以需要这个壳的保护！”

小蜗牛：“那毛毛虫姐姐没有骨头，也爬不快，为什么她却不用背这个又硬又重的壳呢？”

妈妈：“因为毛毛虫姐姐能变成蝴蝶，天空会保护她啊！”

小蜗牛：“那蚯蚓弟弟既没骨头，也爬不快，还不会变成蝴蝶，为什么他不背这个又硬又重的壳呢？”

妈妈：“因为蚯蚓弟弟会钻土，大地会保护他啊！”

小蜗牛哭着说道：“天空不保护我们，大地也不保护我们，我们好可怜！”

蜗牛妈妈安慰道：“所以我们有壳啊！我们不靠天，也不靠地，我们靠自己。”

如果你生来只能靠自己，请不要自怨自艾。天空有天空的蔚蓝，大地有大地的厚重，但天空和大地永远是格式化的，而你却是自由的，虽然你没有受到天空、大地的保护，但只要你敢于独立承担，敢于尝试，那么你得到的要比天空、大地所能给予人的多得多。要知道，世界是平衡的，你完全可以把今天的不公用奋斗来找平，去努力创造自己的美好未来。

的确，奋斗很难，可是“不经一番寒彻骨，怎得梅花扑鼻香”？奋斗到老有什么不好？过早地享受，对你来说可能未必是一件好事。经过历练的人生会更有意义，否则比尔·盖茨也许就不会作出“不给子女留一分钱”的决定了。

当然，每个女孩也许都有过那么一点儿侥幸心理，在遇到不平的时候，希望父母能够帮助自己扫除成长中的障碍。其实，很多成功的人在小时候也曾因为年纪尚小，心理还不成熟，对自己和家人心存抱怨。

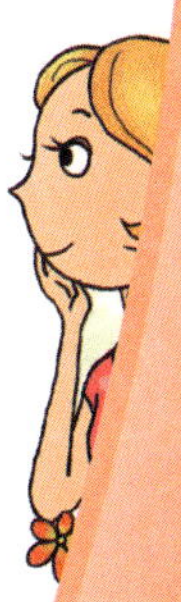

有一位作家在一篇文章中这样写道：

妈妈说，女孩子，只有自己强大了，才不会被别人当作附属品。为此，妈妈在我12岁的时候就让我发表独立宣言。至今，我仍记得独立宣言的内容：

家世好的女孩子，会有爸妈为其铺好豪华的金砖大道；容貌好的女孩子，会有男友、老公殷勤地鞍前马后侍奉；运气好的女孩子，会天降贵人，助之平步青云……不幸的是，我似乎哪个都排不上，所以，我只能靠自己。为此，我在年满12周岁的时候发表宣言，告诉自己：我必须独立。

我记得当时我感觉很悲哀，但随后我就感觉激情满怀，我虽然不一定能赢了这个世界，但我不相信赢不了我自己。

把自己看作独立的生命个体，让自己充分体验独立的感觉，只有这样，你的自尊心和自信心才会得到充分的发展，你才会成为一个有独立意识的人。如果你不希望将来有一天你出现在某个地方，人们介绍你时，用的是“这是××的女儿”“这是××的夫人”“这是××的姐姐”“这是××的妈妈”这样的话，那么从现在开始就学会独立吧，独立学习，独立生活，独立思考。

你了解自己吗——女生私密小档案

不要“如果有来生”
今生我是天使
美丽永恒
没有悲欢的姿势
时而点化自己
时而开示他人
时而迎风雨
时而沐阳光
不沉默也不喧嚣
不依靠也不孤独

很希望你能大声说：“这就应该是我！”

当然，也许你另有想法。

可是，你真的了解自己吗？

愿意填写下面的档案吗？曾有女孩说，因为有这份档案，她在记忆的角落里找到了那些被自己遗失的“珍宝”。

姓名：（大声读着写）________

小名：________

（请你填写所有的小名。如果可以，你要在下面写上赋予你这个小名的人、这个小名的意义、你对这个小名的感觉。）

出生日期及具体时间：________

出生地：________

星座：________

关于出生的故事：________

其他纪念日（比如起名日、1周岁生日、学步纪念日等）：

____

爸爸妈妈的姓名：________

爸爸给你的世界是（　　）样的（括号里要填形容词）

妈妈给你的世界是（　　）样的（括号里要填形容词）

爷爷奶奶的姓名：________

爷爷给你的世界是（　　）样的（括号里要填形容词）

奶奶给你的世界是（　　）样的（括号里要填形容词）

姥姥姥爷的姓名：________

姥姥给你的世界是（　　）样的（括号里要填形容词）

姥爷给你的世界是（　　）样的（括号里要填形容词）

血型：________

特殊标志（你与众不同的特征）：________

与这个标志有关的故事：________

____

过敏反应（比如对海鲜过敏、对药物过敏等）：______

____

身高/体重（按年份填写）：

20__：　20__：　20__：　20__：

20__：　20__：　20__：　20__：

20__：　20__：　20__：　20__：

身高的苦恼或者快乐：

____

体重的苦恼或者快乐：

____

胸围/腰围/鞋子尺寸（按年份填写）：

20__：　20__：　20__：　20__：

20__：　20__：　20__：　20__：

20__：　20__：　20__：　20__：

胸围变化带来的性格变化：______________

小蛮腰vs水桶腰的悲喜剧：______________

电脑故事（与电脑有关的）：______________

手机故事：______________________

网聊故事：______________________

你特别喜欢的事情：

____

____

你最讨厌的事情：

____

____

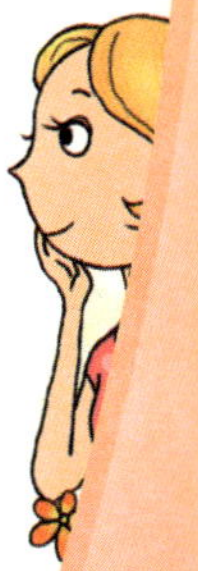

你的座右铭：

____

____

你特别喜欢的流行语：

____

你的梦想或者愿望及实现程度（按年份填写）：

20__：　20__：　20__：　20__：

20__：　20__：　20__：　20__：

20__：　20__：　20__：　20__：

你受过的赞誉：

____

你最喜欢的人/这些人吸引你的地方：

____

你最喜欢的老师/他（她）教会了你什么：

____

你的行动力如何：______________________________

短期目标/完成度：______________________________

中期目标/完成度：______________________________

长期目标/完成度：______________________________

（如果你从来没有制订过计划，那就太可惜了！不过亡羊补牢，为时不晚）

幼儿园（名称）：______________________________

地址：______________________________

老师姓名：______________________________

幼儿园里最有趣（最让你讨厌）的事：

____

小学（校名）：____________________

班主任姓名：____________________

小学里最有趣（最让你讨厌）的事：

____

____

中学（校名）：____________________

班主任姓名：____________________

中学里最有趣（最让你讨厌）的事：

____

____

特长班老师姓名：____________________

特长班里最有趣（最让你讨厌）的事：

____

____

你最要好的朋友的名字：____________________

他（她）的生日：____________________

他（她）的QQ/电子邮箱：____________________

他（她）的家庭住址：____________________

你为什么喜欢他（她）：

____

你最喜欢的科目：____________________

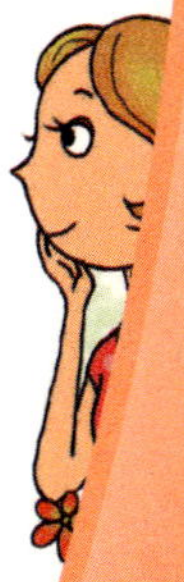

你是否知道如何做得更好：________________

你最讨厌的科目：________________

你是否知道如何改变自己：________________

用一句话总结你的过去：

____

____

用一句话概括你的现在：

____

____

用一句话展望你的未来：

____

____

注：不用担心，这个私密小档案不用给任何人看，包括你的父母，它可以作为你的私密日记，陪伴你一生。当然，每一个时间段，你可能都会有新的感悟，有新的词条要添加。你要认真倾听自己内心的声音，记录自己的真实感受。记住：要确保真实，这有助于你更好地发现和认识自己哦！

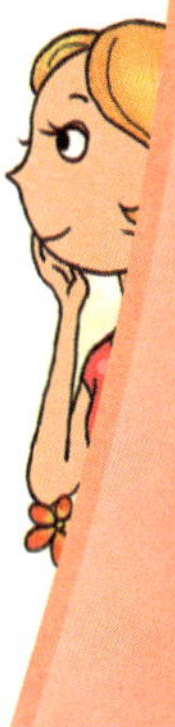

心灵地图是什么

人生的首件必需品是一张描绘心灵的地图，那么，到底什么是心灵地图呢？简单地说，心灵地图就是你是谁，你现在从灵魂深处感受到了什么。海伦·凯勒说：“当一个人感到有一种力量推动他翱翔时，他是不应该去爬行的。”这是海伦·凯勒的灵魂发出的声音，你听懂了这句话，就能明白那个盲聋女孩凭借着普通的生命个体为什么能震撼整个世界，那不只是掷地有声的不朽巨著的作用，也不只是四处奔走，建起了一家家慈善机构，为残障人士造福的力量。

在海伦·凯勒的生活中，她有幸遇到了莎莉文老师，是她唤醒了海伦·凯勒的灵魂。

那天，莎莉文在海伦·凯勒的手心写了“water”（水）这个单词，但海伦·凯勒总是把“杯”和“水”混为一谈。莎莉文一遍一遍为她纠正，但海伦·凯勒不耐烦了，把老师给她的新洋娃娃摔坏了。那时候，她是绝望的，她的灵魂是灰色的。

莎莉文老师又想了一个办法，她带着海伦·凯勒走到水池边，握着海伦·凯勒的小手把它放在喷水孔下，让清凉的水溅在海伦·凯勒的手心上。接着，莎莉文老师又在海伦·凯勒的手心写下“water”这个词。瞬间，海伦·凯勒就明白了。她后来回忆说：“不知怎的，语言的秘密突然被揭开了，我终于知道水就是流过我手心的一种物质。这个词唤醒了我的灵魂，给我以光明、希望、快乐。”

布莱兹·帕斯卡尔说：“如果你心灵空虚，那证明你正在寻找某种东西。”作为少女，你可能还无法弄明白灵魂那些事，这不怪你，但如果你知道有灵魂，却不愿意去倾听，那么你终将失去你自己。保罗·柯艾略在《牧羊少年奇幻之旅》中借少年之口问出过你的心事：“为什么我们要倾听自己心灵的声音？”智者给他的回答是：“因为在你的心灵深处有属于你自己的宝藏。”

的确，那个宝藏里有一张地图，那张地图会告诉你人生的“五大基本问题”：

我是谁？

我如何成为今天的我？

为什么我会有这样的思考、感受和行动？

我能改变吗？

最重要的问题是——怎么做？

上述五个问题就是要告诉你怎么去认识世界，如何进行自我完善。

送给女孩的心灵“秘籍”

1. 拥有品位

有品位的女人，应该是这样的：永远得体的装扮，永远脱俗的气质，永远微笑着聆听，谈吐文雅大方，从不张扬，不会浓妆艳抹，不会紧跟时尚但修饰十分得体，让自己从里到外都散发出动人的光芒。

“品位”是一个内涵丰富的词汇，仅凭一两句话很难说清楚，它需要你认真面对自己的内心，找到自己的独特之处，乐观面对生活，逐渐总结对生活的感悟，慢慢地修炼而成。

当然，每个女孩都是特别的，都应该有自己独特的品位。可能很多女孩会觉得品位与时尚或奢侈品是挂钩的，其实不然，品位是一个人观察事物时的态度。同样的东西，不同的人看会呈现出不同的样貌。物品本身的价值与品位的高低是没有关系的。女孩要学会发现，学会欣赏，学会选择。更重要的是，女孩要用自己的品位来修饰自己的外表和内涵。

2. 养成看书的习惯

思想从何而来？从阅读而来。喜欢看书的女孩，一定是沉静的且有着很好的心态，一定是渊博而又内敛的，不会被世俗诱惑，不会被浮躁吞没。因为在书籍的海洋里，女孩可以吸收大量的精神营养。喜欢看书的女孩，一定是出口成章且优雅知性的。认真的阅读既可以让人心情平静，也能给人带来愉悦和震撼。

一个喜欢看书的女孩会永远保持对这个世界未知的好奇心，这是一种永久上进的动力。你难道不愿意拥有这种动力吗？

3. 要试着发现生活里的美

生活是什么，不同年龄的女孩可能有不同的答案。每个人都有一种生活态度。要想生活得更加幸福，就要善于发现生活中的美。

生活是执着的爱人，永远伴随你左右，但你常常视而不见。生活拥有最美的声音，为你谱过最美的曲子，但你常常听而不闻。闭塞视听的结果，让你学会了掩耳盗铃，你企图从别处寻找美丽，但美丽不在别处，“它就在那里”，就在你的内心深处。

4. 跟有思想的优秀的人交朋友

《孔子家语·六本》：“与善人居，如入芝兰之室，久而不闻其香，即与之化矣；与不善人居，如入鲍鱼之肆，久而不闻其臭，亦与之化矣。”因此，孔子跨越千年，不忘对中国的后代子孙谆谆教导：同比自己贤明的人在一起，道德修养将日有提高；同才能品质比不上自己的人相处，道德修养将日渐丧失。的确，不了解孩子如何（孩子将来的情况），看看孩子的父亲或者母亲就知道了；要想了解一个人，看看他周围的朋友就可以了。所以，如果你想成为有品位、有内涵的人，这一条你必须遵守。

5. 远离泡沫偶像剧

大多数女孩都有喜欢泡沫偶像剧的倾向。电视里的白马王子与灰姑娘都是生活里的男孩或女孩向往的，但他们并不是真的存在的。看久了，可能会让你对生活失去判断力和鉴赏力。而且大多数偶像剧都是超越生活的，并不能与现实生活挂钩，女孩不应该再沉溺于这种虚构的童话氛围里了。

要想成为一个优秀的女孩，应该把时间花在提升自身各方面素质上，因为时光一去不复返，为了减少人生的遗憾，要多做一些有意义的事情，千万不要让时光虚度。

6. 学会忍耐与宽容

作为一个女孩，你的包容和忍耐将会为你赢得更多的人气，让你变得更有人格魅力。所以，即使你遇到了不友好的人，也要学会善意地微笑，那将会成为你的资本，在你的未来之路上给予你最好的回报。

7. 培养健康的心态，重视自己的身体

心态决定命运，这话一点儿都不夸张。一位伟人说过：“要么你去驾驭生命，要么是生命驾驭你，你的心态决定了谁是坐骑，谁是骑师。”

身体是一生的本钱，这话一语中的。任何一个女孩，千万不要为了这样或那样的理由不顾及自己的身体健康，只有身心健康了，才能为迎接未来的美好生活打下坚实的基础。

现在的你只要掌握了这些人生感悟，就等于为你未来的成功和幸福做了一个最好的铺垫。

活出自己的风采

现在，模仿秀节目越来越多，因为和明星容貌相似，很多人一夜成名，但也很快就变得寂寂无声，因为他们没有自己的特色，只是单纯地模仿。先看一下狐狸的故事吧，它学老鹰的后果有点儿严重。

狐狸目睹了老鹰捉小兔子的一幕。只见老鹰从天而降，利爪瞬间就掐住了正在飞速奔跑的小兔子的脖颈，然后腾空而去。狐狸抬头时，只看到老鹰远去的身影。

之后，狐狸又目睹了老鹰捉小鸡、老鹰捉蛇、老鹰捉鼠，越来越多的小动物死在老鹰的利爪之下。狐狸既惊恐，又为鹰的王者气势和威风所折服，于是它决定学习老鹰。

狐狸将自己的爪子打磨得无比锋利，还请巧手的工匠为自己打造了一副飞行的双翅。没过多久，狐狸看起来就非常像老鹰了，当然，主要是翅膀的威风帮了它。

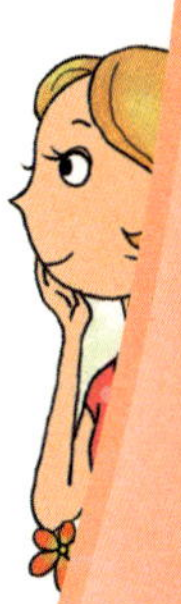

狐狸得意地出发了，它全副武装从高坡上“飞”向一只兔子，但兔子仅仅一个转身，狐狸就撞到了坚硬的石壁上，由于用力过猛，狐狸撞得头破血流，当场毙命。

狐狸啊狐狸，其实，你只是一只狐狸。一旦你不做狐狸，就失去了狐狸的精明。学老鹰？笑话，不摔你个粉身碎骨，你真记不住这个教训。

聪明的女孩，一定要勇敢地做自己！不要怕自己是普通女孩，要记住：“把平凡做好就是不平凡。”也不要担心自己偶尔受到排挤，要知道：“真理往往掌握在少数人手里。”

说得再明确一点儿，你可以学习别人、模仿别人，但一定要有自己的主见，一定要知道自己要的到底是什么，或者说一定要知道你是谁。做自己需要勇气，发现自己是一个艰难的过程，在这个过程中可能会经受各种打击和折磨，只有坚定信念，通过不懈的努力才能真正发现自己、做自己。

做自己也需要智慧，需要沉淀自己，需要你在沉静之后的顿悟，你得静下心来去倾听内心的声音，自己去判断，而不是用别人的经验去判断。

做自己时，需要随着环境、时间的变化而不断检视自己，看看目前的状态是否是自己真正想要的。

聪明的女孩，请记住两句至简的话：走自己的路，让别人说去吧！倾听你自己的声音，那里藏着智慧！

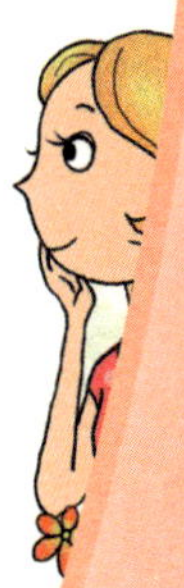

虚荣，那是一杯毒酒吗

“向往虚构的利益，往往丧失现存的幸福”，这是伊索说的。伊索生活在公元前6世纪，在那时候，他已经知道了虚荣的害处，可是现在有些女孩仍然很虚荣。

女性的虚荣是一种很可怕的东西，与男性相比，女性“自我显示欲”往往更加强烈。即使是“丑小鸭”，也希望自己能够吸引周围人的目光。日常生活中，很多女孩都希望自己受人欢迎，引人瞩目，于是通过奇装异服、浓妆艳抹来包装自己。这样做的结果往往是事与愿违。

在校园里，攀比现象非常常见，有人买了名牌手机，就会立刻有人跟风，有人超越，买来更好的手机或者其他数码产品。其实，和人比较也不完全错误，关键在于比较的内容。如果你和别人比成绩、比品质、比良好习惯等，就是一种良性的比较，能够促进你不断提高自己，取得更大的进步。

对于女孩来说，当你没有能力买一件漂亮衣服的时候，你更应该学会用其他的需求，如提高学习成绩、提升个人素养等来满足，而不能依靠父母或者借钱等手段来实现，否则只能说明你败给了自己，败给了自己的欲望。

亲爱的女孩，你还在成长，你需要张扬的青春，你需要建立强大的内心，但你要有选择地张扬。比如，在提高成绩、对待同学的爱心等方面，你要尽可能张扬；而对于外物——那些对于你这个年纪来说，除了让你做浪费时间的炫耀之外，没有任何意义的事，你最好放弃。

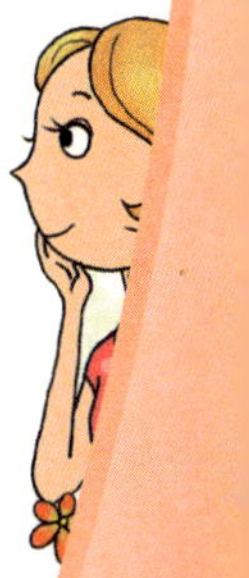

读者来信：

因为胎记被人嘲笑怎么办

问

我脸上有一块胎记。当有人指出它的时候，我就心烦。我怎样才能接受它呢？

答

人们对胎记好奇是很正常的，不要总认为别人在评论你的胎记就是嘲笑你。如果他们评论它，你就说："这只是块胎记，我生来就有啦！"到目前为止，你可能发现很难想象没有了那块胎记你的脸会是什么样子。胎记是你生命的一部分。你的发型变了，你的身体长高了，但是自从你出生的那天起，那块胎记就一直伴随着你。这是一个足够令你自豪的理由了吧！

读者来信：

害怕戴眼镜怎么办

问

我很可能要戴眼镜了，可我真的不想戴。我妈妈说我戴眼镜挺好看的，但是我不这么觉得。

答

如果你不喜欢自己戴眼镜的样子，很可能是因为你还没有尝试过足够多的眼镜款式。问问妈妈你能不能多逛几家眼镜店，以便找到适合自己的款式，或者带上一个朋友一起去，听听不同的意见。当你试戴新眼镜时，把视线集中在你身边的人身上，你就会发现，他们中的很多人都戴眼镜，而且你的视线变得更清晰了。

读者来信：

戴牙套会变丑吗

问

我遇到了一个大问题——必须戴牙套。我害怕开学后同学们都觉得我看起来很丑。

答

许多孩子在刚开学的时候都会看起来有点儿不同。有些孩子长高了，有些会换新的发型。而很多同学——像你一样——会戴牙套。现在戴牙套是很常见的，很多成年人也都在戴。你的牙套不会成为同学议论的话题的。如果开学第一天，你不想让别人注意到你的牙套，可以穿一件新裙子，或者戴一个漂亮的发饰。但是要记住最好的饰品就是你的微笑。如果你微笑，大大方方地露出你的牙套，别人也就不会太在意你的牙套了。

第二章

学校的那些事儿

亲爱的女孩，你现在享受的是纯真年代里最美好的青春时光，它一去不复返，你一定要好好珍惜，别等到失去它之后才后悔莫及。

“笨”女生到尖子生的转变

有些女孩在学习的过程中会经历一个从尖子生到落后生的转变。在小学的时候，女孩总是学习的优胜者，而进入初中后，女孩的成绩开始慢慢下滑，男孩的成绩则突飞猛进，让女孩感到有些吃惊。

有人说，这很好解释，女生比男生笨，学习简单知识会非常轻松，可是一旦学习难一点儿的科目，女生就无法驾驭了，真是这样吗？

威斯康星大学心理学家珍妮特·海德领导的研究小组曾对美国10个州720万名二至十一年级的学生进行了调查，根据他们的调查数据，女生比男生笨根本不是事实。珍妮特说：“就智力而言，男女的差别不大。女生之所以到了初中会有成绩下降的现象，除了基础学科没有吸引力外，还因为她们被激励得不够。”

同时，正电子发射型计算机断层显像（PET）与核磁共振成像（MRI）让我们有机会观察男孩和女孩大脑结构与功能的差别。女性大脑与男性大脑相比，更容易接受单调的语言刺激，而男性的大脑更容易接受图表、图像、运动物体和空间机械刺激。

小学的时候，大多数老师都会使用语言刺激，告诉孩子音节，帮助孩子进行算术练习。这正符合女性大脑的接受方式，于是在小学阶段，女孩的学习成绩相对要比男孩好，她们往往能轻松记住一些难于记忆的知识。

到了中学之后，理科知识增多，数学、物理、化学的知识相对抽象，老师需要凭借图表和空间机械刺激——比如做实验——来教学，而这恰恰是男性大脑比较擅长的领域。于是这个阶段男孩的成绩往往会突飞猛进。

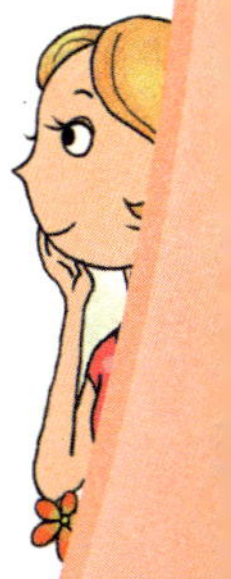

简单来说，这只能说明我们的学习方法不对，没有用更适合女性大脑的方法去学习抽象的知识，我们需要改变思维习惯。据珍妮特·海德的研究，女性大脑对外界的影响并没有“免疫力”，而是善于接纳。也就是说，女孩完全有能力在初中时学好理科。

但是还有一个问题需要克服，那就是青春期心理问题。大量证据表明，青春期的女孩由于身体的变化会对女性性别有一种重新认识。这个时期，女孩会变得特别敏感，也变得格外焦虑，她们一方面渴望能够实现自己的个人价值，成为受人欢迎的富有美感的女性；另一方面，却又受社会文化的影响，不知道自己作为一名女性，到底能有多大的作为。

所有这一切都会耗费女孩的精力，让女孩不能安心学习。有那么一段时间，女孩几乎成了情绪的奴隶，一会儿跳上自信的巅峰，觉得整个世界都在为自己而活；一会儿又跌入低谷，认为自己不过是一只碌碌无为的“小蚂蚁”，根本没有人会注意到自己。

而此时男孩大多还没有进入青春期，他们尚处于懵懂的阶段，忽然觉得以前难学的知识变得容易起来，于是他们铆足了劲儿开始学习，兴致勃勃地动手做实验验证自己所学的知识，充分地享受学校的生活。

正是上面这些因素使女孩成了“笨”人，而男孩则一下子成了聪明的未来之星。那些原来学习拔尖的女生这个阶段的反应会更加强烈，学习地位受到严重威胁，心理落差变大。

其实，只要你知道其中的原因，从学习方法和学习习惯上进行改变，不断提高自己的抽象思维能力，那么你就能重新找回自信，学习成绩也会得到提高。

成为尖子生并不难，你首先得知道自己的学习问题出在哪里，是不能集中注意力，还是学习方法不对。找到问题的根源之后，对症下药，你很快就能取得进步。

集体活动必须积极参加

随着封闭型教育向开放型教育的转变，“参与”的重要性已引起教育界的广泛关注。但现在的孩子在标榜个性、自我中心的心理驱使下，“特立独行”已经被越来越多的孩子当作自己的价值取向。一些男孩特别是处于青春期的男孩甚至会把另类、不服从命令当成一种耍酷的标准。女孩虽然没有男孩那么明显，但也有一些表现形式不容忽视，比如，不重视学校的集体活动等。

要知道，你是集体的一员，你完全有资格、有能力来组织或者帮助组织真正有意义的集体活动。你难道不希望自己在集体活动中贡献一份力量，并在这种贡献中完成自己的成长吗？有一句话说得好：你无法改变环境，但是你可以改变你自己。虽然你还是一名学生，要遵守学校的各项纪律，但你至少可以发出自己的声音，向老师和同学证明自己的实力。

积极参加集体活动有利于更好地发展自我。我们在参加自己组织的集体活动时，我们就是自己的主人，没有人发号施令，没有人必须服从，我们只是听从自己内心的声音，我们只是做自己想做的事情，我们的青春、我们的活力，可以尽情地展现出来。

积极参加集体活动还有利于自我个性的形成。由于每个孩子的智力差异和个性品质的不同，在交往中，有的充当了群体的“头儿”，有的充当了群体的“军师”，还有的孩子随大流。但是如果你能够积极贡献自己的智慧，展示自己各方面的能力，那么你就不会永远是随大流的人，而能成为组织者、宣传者或者执行者。不管你在活动中扮演什么样的角色，这对于你自己的个性形成非常有帮助，也能让你的心智变得更加成熟。

即使你只是一个随大流的人，参加集体活动对你来说也不是完全没有好处，这有利于培养你的合作精神。合作精神是做任何一项工作都必不可少的，也是所有企业对员工的基本要求。当你能够在群体中学会与他人协作，那么你就能完成个人无法完成的工作，获得更大的成就感。

无论你参加什么样的集体活动，都要有自己的想法，要学会思考，不能只是做一个“听命者”。否则，你就很难形成自己的主见，也缺乏吸引力和创造力，你的未来发展空间也相对有限。

一位成功学家说过这样一句话：“成功的人之所以成功，是因为他们拥有良好的人际关系。因此，你们应该不断地建立良好的人际关系，不断结交新朋友，同时跟他们维持良好的友谊。”而要想实现这一目标，少不了你在学校和集体活动中的历练。

所以，积极参加集体活动吧，它能为你未来的发展打下基础。

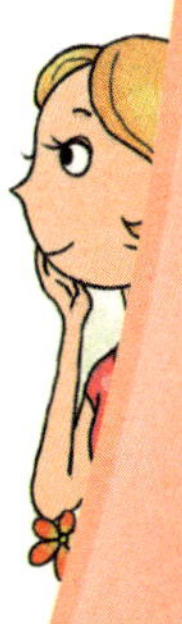

怎样调整学习中的疲惫

学习的知识越难，学习的时间越长，你的疲惫程度就会越深，这是无法改变的自然规律，每个人都会遇到这样的情况。我们必须学会缓解疲惫的方法，张弛有度，才会让自己的学习效果事半功倍。

首先，我们要知道疲惫的根源。对于处于你这个年纪的孩子来说，学习的强度一般不会很大，之所以会产生疲惫感，大多是因为学习方法不对，做了很多无用功。

18世纪，天文学家在火星与木星之间发现了一颗小行星。为搞清它究竟是行星还是彗星，天文学家发出公告，请数学家帮助计算它的运行轨道。

数学泰斗欧拉计算了三天三夜，当数据出现时，他的右眼因劳累过度而失明了。数学家高斯也自愿接受了这个任务。但是他并没有像欧拉那样做一个“愚公”，他在计算之前，先改变了计算方法。

正所谓“磨刀不误砍柴工”，高斯革新了欧拉的计算方法，引入了一个八次方程后，他仅花1小时就得出了一个结果，而这个结果比欧拉的计算结果更加精确。

1901年1月1日，天文学家循着高斯计算的小行星的运行轨道，终于找到了这颗小行星——谷神星。高斯深有感触地说：“若是我不变换计算方法，我的眼睛也会瞎的。”

同样的道理，如果我们不改善自己的学习方法，在学习过程中就会经常因为做无用功而产生更多的疲惫，并影响学习的效果。

当然，改善了学习方法之后，如果你还是无法应付目前的学习强度，那么，你就要学习缓解疲劳的方法。

1. 不要分配给大脑超过其劳动强度的任务

一般来说，大脑集中精力的时间最多只有25分钟，所以你在上课时要掌握听课技巧。上课期间，你需要在老师讲重点知识的时候集中精力，而之后你可以试着放松一下大脑。下课后要让大脑得到完全放松，以便为下一节课做准备。

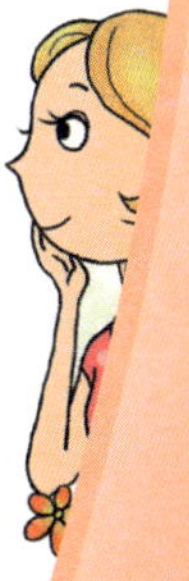

2. 补充大脑营养

大脑是一台珍贵而复杂的机器，所以你必须给它补充“优质燃料”。垃圾食品、劣质食品等不仅损害身体健康，还会影响智力水平。英国一项新研究显示，饮食结构影响人的智商。其中，牛奶、鸡蛋和核桃等富含大脑需要的营养，可以适当摄入这些食物。

3. 大脑需要激情点燃，需要问题刺激

有的孩子不是因为学习而疲惫，而是因为厌倦而疲惫，这个时候，就需要为大脑点燃激情。可行的方法之一是提出令你好奇的问题，为你增加思考的动力。神经学家研究发现，当大脑接收外面提出的问题信息时会自动开始搜索答案，这样，大脑动起来，学习效率也就提高了。当然，提出好的问题是关键。

4. 遵循大脑的活动规律而改变学习内容

大脑在一天中的活动规律如下：

6～8点：机体休息基本结束，并进入兴奋状态，肝脏已将体内的毒素全部排净，头脑清醒，大脑记忆力强，此时进入第一次最佳记忆期。

8～9点：神经兴奋性提高，仍保持最佳记忆状态，心脏开足马力工作，精力充沛。此时思考一些严谨、周密的问题会比较容易，所以你可以安排在这个时间段学习难度大的内容。

10～11点：身心处于积极状态，神经兴奋状态将持续到午饭时间，人体处于第一次最佳状态。

12点：人体的全部精力都已调动起来，全身总动员，但此时身体需补充能量。

13～14点：午饭后，大脑开始困倦，白天第一阶段的兴奋期

已过，精力消退，进入24小时周期中的第二低潮阶段，此时反应迟缓，有些疲劳，宜适当休息，最好能午睡半小时到1小时。

15～16点：经过一个良好的小睡之后，身体状况得到改善，感觉器官变得敏感起来，精神抖擞。此时长期记忆效果非常好，可以合理安排一些需“永久记忆”的内容进行记忆。

17～18点：工作效率更高，体力和耐力达一天中的最高峰。有关研究显示，这段时间是完成复杂计算和比较消耗脑力作业的好时期。

19～20点：体内能量消耗，情绪不稳，应休息。

20～21点：大脑又开始活跃，反应迅速，记忆力特别强，直到临睡前为一天中最佳的记忆时期。

22～24点：睡意降临，人体准备休息，细胞修复工作开始。

你可以根据上述规律，合理安排一天的作息时间，做到既休息好，又学习好。

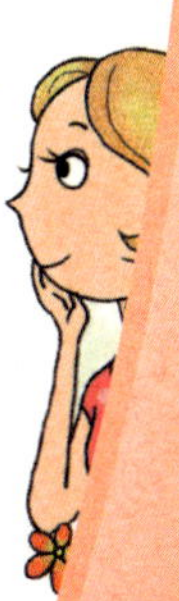

5. 调节大脑和身体之间的关系

大脑和身体有各自的节奏周期。一天中大脑思维最敏捷的时间有几段，如果你能在大脑功能最活跃的时候学习，就能节省很多时间，取得很好的学习效果。

其实，大脑和身体经常“交流”。如果身体很懒散，大脑就会认为你正在做的事情一点儿都不重要，从而不加以重视。我们大都有这样的经验，躺在床上看书的时候，不一会儿就会睡着了，这其实就是大脑对身体发出的信号错误解读的结果。所以，在学习的时候，你应该端坐，身体稍微前倾，以便让大脑保持清醒和高效运转。

6. 通过色、味来刺激大脑

大脑喜欢色彩。平时使用有色笔或有色纸，能帮助记忆。这一点对女孩的作用更大，因为女孩的大脑对于颜色有一种特别的接纳功能。

此外，气味也能影响大脑。香料对保持头脑清醒有一定功效，薄荷、柠檬和桂皮都值得一试。

7. 大脑需要空间

尽量在一个宽敞的地方学习，这对你的大脑有好处。大脑喜欢整洁的空间。最近的研究显示，在一个整洁、有条理的家庭环境中长大的孩子在学业上的表现往往更好。为什么呢？这是因为接受了安排外部环境的训练后，大脑学会了组织内部知识的技巧，你的记忆力会更好。

8. 压力影响记忆

当你感受到压力时，体内就会产生皮质醇，它会杀死海马状突起里的脑细胞，而这种大脑侧面脑室壁上的隆起物在处理长期记忆和短期记忆方面起主要作用。因此，压力影响记忆。

其实，真正的放松不过是顺势而为，在合适的时间学习合适的科目，在合适的时间休息，并给予大脑放松的时间，你就会永远保持精力充沛。

如何让自己远离考试焦虑

考试焦虑是很多女孩心里的痛。争强好胜的心理，父母给予的压力，不懂得自己管理情绪，都会让考试焦虑加重。

媛媛一直是初中三年级的“三好学生”，学习成绩也一直是学校年级前三名，她就像一朵含苞待放的鲜花，满怀信心地等待着灿烂绽放的时刻。

然而，初三下学期，媛媛和班主任（数学老师）发生了一次冲突，尽管最后老师对媛媛表示理解，但从此之后，媛媛还是变了，变得情绪低落，上数学课时和数学考试前都会出现胃疼的毛病。

媛媛开始并没有当回事，但是随着数学成绩开始下降，她的这个毛病变得严重了，一旦紧张就会出现胃疼、食欲不佳的问题。

而这种现象在考试中出现的次数更多。刚开始，她在考数学的时候，会有出冷汗、手脚发抖等生理反应；之后只要是考试，一拿起卷子，媛媛就变得心慌，想尽快把题答完，但遇到不会的题却又放不下，同时对考场的环境变化十分敏感。仅仅两个月的时间，媛媛的学习成绩就急剧下降。

成绩的下降给媛媛的打击特别大，她经常感觉自己进入了昏天黑地的状态，为此，她不止一次跟父母大喊大叫，摔东西，并产生严重的自卑心理，开始怀疑自己的能力。

媛媛的父母就这么一个女儿，爱如掌上明珠，见到女儿如此，他们急坏了，四处求医问药。看西医，做胃镜检查未见异常，打针吃药，效果也不明显；找经验丰富的老中医看，诊断为情绪影响所致，开中药调理，情况没有改观。最后，焦急的父母又找心理医生去咨询。

心理医生通过和媛媛聊天发现，媛媛患的是考试焦虑症。患病的原因除了媛媛的母亲经常催逼她之外，还包括媛媛本身过于看重成绩。而媛媛之所以忽然对自己不自信，是因为她担心数学老师不再喜欢自己，会给自己制造麻烦，这种担心和忧虑不断扩大，最后蔓延到考试中。

其实，解决媛媛的问题很简单，就是让她不要过于看重成绩，必须学会放下。

像媛媛这样的考试焦虑症患者有很多，而其中女孩所占比例较大，其原因大多是过于看重成绩。那么，应该如何调整考前的心理状态呢？

1. 客观估计，正确定位

考试只是检验你学习结果的方法之一，还有很多方法可以让你了解自己的学习情况，比如，平时的作业情况、课堂上的反映情况等。其实，就学习而言，你在考试之前，就应该对自己有一个客观的估计，并从实际出发，确定适当的考试目标和期望值，给自己一个正确的定位，切忌好高骛远和与人攀比。这并不表示你没有能力考得更好，但是达到更好是需要一个过程的，不要急功近利，企图一口吃成个胖子。

2. 注重过程，淡化结果

大考时多数孩子都会有紧张的情绪，这种情绪有利于大脑保持活力。但大多数在小考时也紧张兮兮的孩子会在大考时紧张得影响发挥。如果你在平时就这样，那么就要不断在心里告诉自己：成绩只是一个检验指标而已，平时学得好，一次考不好没有关系。这种心理暗示能有效地降低考试焦虑。

在临近考试时，你要做到过程和结果的分离，即只要注重平时的复习，努力提高自身的知识水平就行了，至于考试结果则不要过多地考虑，不断提醒自己“只要尽力就行了”。这样，当你在平时的考试中不再焦虑，那么你在大考时的焦虑也就不会很严重了。

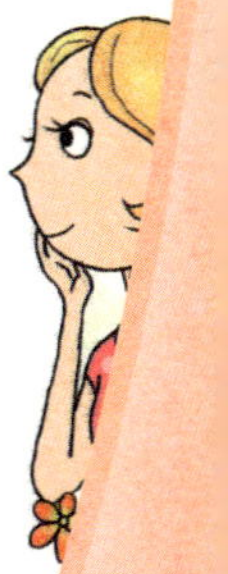

3. 认真复习，合理安排

扎实的基础知识是取得好成绩的保证，也就是说，你平时的准备其实比考试更重要。因此，你必须学会制订一个系统而全面的复习计划，科学用脑，合理安排学习时间。在自己相对薄弱的科目上多安排一些时间，在自己擅长的科目上可以适当少安排一些时间。

经过这样的准备之后，你就会有足够的信心来面对考试了。

4. 考前要休息好

无论是平时的考试还是大考，考前休息好对于考试结果都很重要。那些习惯于开夜车的孩子，应从考前一周开始，将晚上睡眠的时间调整到正常状态，以便能够以充沛的精力去应对考试。

5. 优化情绪，增强自信

考前，你可能会遇到来自父母、老师、同学等各方面的压力和各种各样的挫折，情绪出现波动是正常的，但你要有意识地加以控制，并及时调整，尽量使自己处于心平气和、情绪饱满的状态。

你可以这样做：通过积极的自我想象，体验过去的成功经验，以唤起自己的良好情绪。心理学认为，良好的心理暗示有助于提高能力，即你经常告诉自己你在某方面表现很棒，那么你自然而然在那个方面会有很好的表现。每天默念几遍“我一定能考好”“我一定能成功”等具有积极自我暗示作用的话语，来增强自信心。

当然，你还要学会放松，在出现紧张情绪时，采取深呼吸的方法慢慢呼气、吸气，同时放松全身肌肉。持续做3～5分钟的练习，也能缓解紧张情绪。

除此之外，考前的最后时刻不要再做难题，做难题有时会挫伤你的自信心，不利于保持良好的情绪。尤其是在大考前，更要保持良好的精神状态。

6. 做好准备，从容上场

如果考生在考前没有准备好考试所需的文具、证件，上考场的时候必然会因为焦虑而影响临场发挥。所以，当你参加大考前，一定要事先准备好所有的用具，在考试的前一天晚上，还要认真检查一遍。另外，还要根据天气情况，准备好伞等物品。在考试前一天到考场了解一下情况，熟悉熟悉环境，并对从住处到考场的行车线路和所需时间做些调查，做到心中有数。

上面提到的几点能有效地缓解考试焦虑。当然，如果你一直是一个从容、自信的女孩，那么世界对于你来说就没有难题，所以最关键的还是培养自己的信心，学会放松自己。

读者来信：

害怕老师怎么办

问

上学的时候总是被老师批评，我现在一看到老师就害怕，怎么办？

答

老师就像那种下鲜花种子的孩童，不停地跑来跑去照料这粒种子。他们掰着手指计算这粒种子的成长。今天，该发芽了，怎么还没有动静？该长茎了，怎么毫无生机？因为着急，他们可能就会做出拔苗助长的事情。也就是说，老师有时会批评你，但其实他们的出发点是好的，因为没有一个孩童愿意看到自己所种的种子最后不开花结果。同样，没有一个老师不愿意自己的学生最后成为栋梁，尽管他们使用的方式有时可能欠妥。

所以，不管怎样，爱你的老师吧，你可以跟着他学会更多的知识。如果你对老师的某些行为有自己的看法，可以找个合适的时机与老师进行坦诚的沟通，以便你在今后的学习中取得更大的进步。

读者来信：

学习3分钟热度怎么办

问

我非常想学习，但是每次都是一开始很有兴趣，渐渐地就放弃了，该怎么办？

答

其实对于大多数女孩来说，勤学容易做到，但是容易陷入这样一个怪圈：拼命地学，却还是没有进步，还是被人称为“笨孩子”；不服输的劲头督促自己继续学习，可是接下来又是惨败。此时，自信心受到严重打击，最终放弃勤学这条路，就更没有机会学好了。

我们已经说过了，女孩并不比男孩笨，可能只是因为学习方法不适合自己。如果你一直学不好，就要试着改变方法，一定会柳暗花明的。

总之，女孩天生有“勤学”的精神，在学习和生活中一定要让这种精神发扬光大，提高自己的综合素质。

第三章

控制不住自己的情绪

在渐渐长大的过程当中，很多女孩发现自己的情绪越来越难以控制了。当然，长大总会有些小情绪，但是如果你无法控制这些情绪的话，就会给自己带来一些非常不利的影响，甚至让别人看低自己。所以，你一定要学会情绪管理，让自己变得更加快乐和阳光。

女孩，微笑是你的魅力撒手锏

蒙娜丽莎的微笑是世界上最美又最神秘的微笑，虽历经时间的洗礼，对现代人的吸引力却丝毫未减。微笑是世界上最美的风景。当你面对一个灿烂的微笑时，你会瞬间忘记所有的忧伤。但如果你心情本来很愉悦，忽然看到一张沮丧的脸，那么你的好心情立刻就会受到影响。

对于女孩来说，微笑是最具魅力的表现。微笑，似蓓蕾初绽，正如这些词描述的那样——笑靥如花、巧笑嫣然、一笑倾城、回眸一笑百媚生……

我们经常会说某个人“身上透着一股劲儿”“她虽不漂亮却很有气质”，其实，“这股劲儿”“气质”就是一种气场。如果你想营造一种好的气场，让自己显得有气质，具有吸引力，那么你就要不断丰富自己的内涵。而微笑则是介于内涵和外形之间的桥梁。一个经常微笑的女人，即使她开始只是强迫自己、职业性地去微笑，但是久而久之，她还是会形成一种富有亲和力的气场，让人愿意与她亲近。

微笑，其实是对生活的一种态度，是一种智慧的象征。这话一点儿不为过。当你习惯了微笑，那么你就学会了一种冷静而乐观的思维习惯，你的大脑在这种积极心理的暗示下会营造出一种“一切皆有可能”的激情，让你有奋斗的动力，有面对困难的勇气。大脑的这种动向会帮你形成一种正向的循环，让你的人生变得更加美好。

人生难免遇到挫折和坎坷，但是为什么有的人在面对巨大的苦难时，依然能够乐观而从容，而有的人在面对一点点困难时，就感觉难以承受？其中的一个原因就是他们的大脑没有形成正向循环机制，他们的心里没有做好准备。

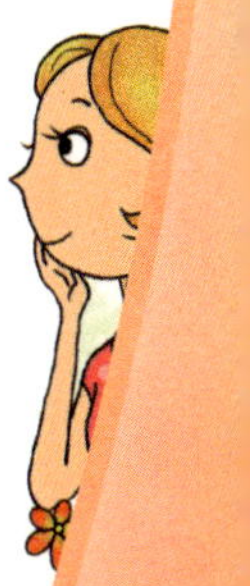

怎么样，现在你该明白微笑所能给予你的丰富内涵了吧？所以，微笑吧，好女孩，它会给你带来好运的。

远离烦恼，不做“还泪使者”黛玉

席勒说过：“烦恼忧虑像一把摇椅，它可以使你有事可做，但却不会使你前进一步。”没有烦恼的人生不是真正的人生，何况正处于豆蔻年华的少女呢？因此，女孩一定要远离烦恼，不做“还泪使者”黛玉。

潇湘妃，
枉凝眉，
三生石畔还他一生泪。
为谁哭，
为谁悲，
葬花美人心比落花碎。

李清照的“凄凄惨惨戚戚”在林黛玉那里得到了最完美的体现。黛玉的一生虽然短暂，却有着绵延不绝的愁苦和止不住的眼泪。

现代生活中，很多女孩也常常“梨花带雨”，日日“蹙眉苦愁”，暂把“愁”字表达得淋漓尽致。

大多数青春年少的女孩，她的愁苦只是做给别人看的，正所谓“少年不识愁滋味，为赋新词强说愁”。但如果这种忧愁情绪长期盘踞在心中，就会影响女孩的心理健康。

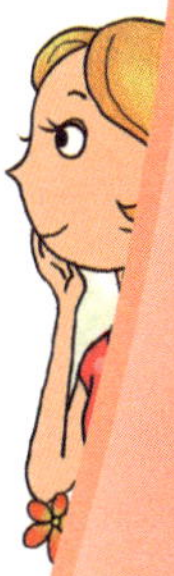

春竹在升入初中二年级时，以优异成绩分到重点班。进入重点班后，她忽然发现周围都是高手，自己的优势一点儿都凸显不出来，她开始出现心情压抑的症状。再加上进入青春期，她有一种莫名的、淡淡的，却也是恼人的忧伤。她经常会一个人躲在校园操场的一角，看着墙边的一棵树悄悄落泪，然后又悲壮地擦掉眼泪，满脸忧伤地走进教室学习。

期中考试的时候，春竹彻底地郁闷了，她的学习成绩下降了十个名次，这对于她来说是无法接受的。之后，她又出现了学习焦虑，每次走进教室，全身的皮肤都会收缩，仿佛有什么东西会突然朝着她袭来一样。

一回到家中，春竹就对着妈妈哭闹，说“再也不想上学了”，妈妈试着劝她。在妈妈身边时，春竹感觉很好；一旦走向学校，她就变得忧虑起来。

之后，春竹又出现了更严重的症状：头疼、失眠、胸闷、厌食、腹泻……经常需要请假，请完假的一刻会感觉轻松很多，可是离开学校之后，又会怅然若失。待在家里的日子，每天以泪洗面。

后来，春竹的情况更严重了。她常常无法控制自己的情绪，突然没来由地尖叫起来，要么就是长时间呆坐，无所事事。喜怒无常，不知什么时候就发脾气。对任何事物都无兴趣，情绪非常低落。

像春竹这样的情况，有必要接受一定的心理治疗。导致忧郁情绪的原因有很多，有的可能是父母溺爱，包办一切，不让孩子面对任何难题，一旦遭遇挫折，孩子就会感觉自己被命运抛弃了，产生严重的忧郁情绪；有的可能是父母生活负担重，心情不好，把气撒在孩子身上，孩子经常遭遇冷落或者责骂，产生忧郁情绪……

要想远离忧郁，建立一种强大的心理防御机制是非常有必要的，它能在自身遭遇外界的变故时，在现实的挫折打破了原来的心理平衡时，积极寻找方法使自己的内心重新进入平衡的状态。

那么，怎样建立这样的心理防御机制呢？这需要做很多方面的“功课”，比如，你要锻炼自己的抗挫折能力；但是最主要的，你要形成一种正向的大脑思维模式，无论外界发生了什么，你都应该做到处变不惊，这样你才能具有更加强大的内心。

总之，对于一个少女来说，最大的魅力还是快乐。与其忧伤地活，不如快乐地过。

藏也藏不住的玫瑰心事，如何是好

进入青春期，女孩陷入情感旋涡之中并不少见，似乎一夜之间就对一位男生产生了喜欢、倾慕甚至依恋的情感，于是变得心烦意乱，魂不守舍。为了躲避老师和家长“不要早恋”的狂轰滥炸，为了躲避同学们那无情讥讽的刀光剑影，有了玫瑰心事的女孩会隐藏，隐藏，再隐藏，小心翼翼地不让那粉红色的心事表现在脸上。

你的牵挂和单相思在眼角边若隐若现，于是，你的麻烦也就不请自来。女孩一方面感觉到压力重重，但另一方面情感的涟漪却无法平息，真是苦不堪言啊！

一般来说，青春期性心理的产生及其发展受两方面因素的影响。第一，性发育自然本能强有力地影响着人的心理内容，促使性心理的萌发和发展，并随之产生一些特殊的心理体验，比如会偷偷地喜欢上某个男生；第二，两性间的情感丰富而充实，它既是生活的一部分，又受社会因素的影响。由于受学校规定和家长的制约，尤其是当老师或者家长用非常负面的情绪来对待“早恋”，或者用某些不中听的词语来形容“早恋”时，孩子对于青春期萌动的性心理就会有更多的困惑和不安。

生活中，谁没有过玫瑰心事呢？很多名人大家在成名之后描述自己的青春期时都这样说过：一瞬间被某个异性灵魂击中，不知所以。所以，如果你真的喜欢上某个男孩，那真的不是你的错，但是正确引导这种情绪（它还不能被称为感情，因为它还过于稚嫩）则是你要做的事情。

其实，女孩并非不想控制，但由于心理发育并不完善，相对较弱的自我控制能力使她们即使是在上课的时候，也可能让思绪如脱缰的野马一般随意奔驰。女孩的羞涩使她们不知道如何去面对自己的感情，她们不想沉迷，却没有办法摆脱。如果此时再遇上家长、老师甚至朋友的围追堵截，那么女孩会感觉天要塌下来了，要么开始“早恋”，要么麻痹自己做个“木头人”。

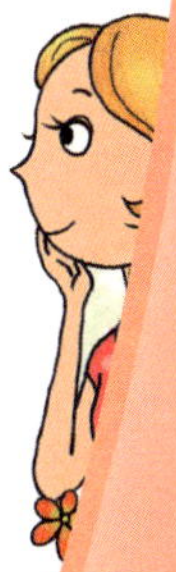

其实，这两种做法都不妥。首先，你要理解自己并能面对问题，因为这样心境就会相对平静一些。相思的心绪就像一棵小草，越遇到重压，它生长得越顽强。因此，对异性的关注之心既然产生了，就没必要刻意压抑和否定，内心的交战往往是自己打败自己。恰当的做法是以顺其自然的态度坦然面对。

其次，你还要做一些工作。既然“喜欢”上了一个人，你完全可以和他接触，更多地了解对方并使对方了解自己，由于近距离地接触，你的那种没来由的悸动也就不会毫无理智地继续横冲直撞，扰乱你的生活。

你要学会对你喜欢的人做出正确的评价。比如，他有哪些优点值得你学习，你就可以努力学习他，积极上进，弥补自己的不足。很多女孩因为喜欢上某个男生而忽然找到了进步的动力，并能在很短的时间内取得大幅度的进步。所以，正确地使用这份“倾慕之情”会让你进步得更快。

随着时间的推移，或者随着你对那个人的考察，你可能会发现他并不像你想象中的那样令自己倾心，那么，你相思的情结就不会浓得化不开了，内心也会逐渐趋于平静。

相反，如果你压抑、封闭自己的感情，只在内心通过不断地遐想“独享”感情，往往会陷入胡思乱想的境地。因此，作为学生，要正确看待感情这件事。既不能沉迷，又不能压抑，在生活中和异性正常交往，取长补短，共同进步。等你们的身心都成熟之后，以更加富有魅力和自信的形象来寻找真正属于自己的那份幸福。

总之，女孩有玫瑰心事，这没什么大不了。顺其自然，你可以看着他，关注他，但也别忘了自己，别忘了学习。用“爱”来促进自己进步，用比较来激励自己奋斗。

愤怒之火会让你成为“魔女”

大多数女孩都会克制自己的愤怒情绪，因为发怒的脸看起来一点儿美感都没有。可事实是，我们总会遇到一些让自己一下子无法克制情绪的情况。比如，你排在长长的队伍后面准备买一张某歌星演唱会的门票，可是就要到售票口的时候，忽然有人加塞，你会感到怒不可遏；好不容易才忍下这口气，你突然被告知：票已经售罄，那时候，你内心的火焰绝对会让你发狂。

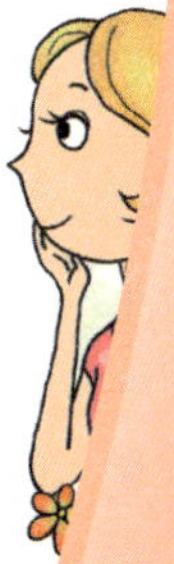

尽管我们有充足的理由愤怒，但是，愤怒真不是一件好事。据心理学家研究发现，在愤怒情绪的调动下，人体会进入一种“战斗”状态，肾上腺分泌出皮质醇、肾上腺素等。同时，心跳加快，血压上升，呼吸短促而浅，肌肉也会变得紧张，大脑处于高度警觉状态。此时，心脏输入四肢的血量增多，消化和免疫系统几乎完全关闭。

这种生理上的战备状态会对身体造成无法估量的损害，从中医学上说，人的每一种病症都和平时的不良情绪有关，而愤怒是其中主要的不良情绪之一。愤怒会让你变成一个连自己都不认识的“恶魔”，那张天使般的脸将变得阴森恐怖……这可不是女孩应该有的形象。

愤怒会让你失去理智，进而做出一些令自己后悔莫及的错事。

1965年9月7日，世界台球冠军争夺赛在美国纽约举行。刘易斯·福克斯的得分一路遥遥领先，只要再得几分便可稳拿冠军了。就在这关键性的时刻，有一只讨厌的苍蝇落在了主球上，刘易斯挥手将苍蝇赶走了。可是，当他俯身击球的时候，那只苍蝇又飞回到主球上来了，就像故意和刘易斯作对一样。观众席里响起了一片笑声。刘易斯皱了皱眉头，再一次起身驱赶这只恼人的苍蝇。可是这真是一只不知死活的苍蝇，刘易斯一俯身要击球，苍蝇就又飞回到主球上来，引得周围的观众哈哈大笑。

这戏剧性的一幕本来可以作为放松的时刻，但是刘易斯的情绪却恶劣到了极点，他变得焦躁而不能自制。当那只苍蝇又一次落在主球上时，刘易斯再也忍不住了，他愤怒地用球杆去击打苍蝇，球杆碰动了主球。裁判判他击球，他因此失去了一轮机会。

刘易斯因此变故而方寸大乱，在接下来的比赛中连连失利，而他的对手约翰·迪瑞则越战越勇，在苍蝇大战刘易斯一幕轻喜剧之后，激情高涨，很快就赶上并超过了刘易斯，并最终夺得了桂冠。

这还不是最可悲的，最可悲的是，第二天早上，人们在河里发现了刘易斯·福克斯的尸体，他投河自杀了！

一只小苍蝇引发的命案！可悲可叹，却最是可怜！由此可见，我们真的应该学会消除愤怒这种不良情绪的方法。

一个人要想做自己真正的主人，就要懂得克制自己，就要懂得“三思而后行”，避免自己在情绪的牵引下盲目地采取错误的行动。你要认识自己发怒的原因。你是不是因为同学总是对你的体重或发型冷嘲热讽而气恼不已？是不是因为别人的误解而感到怒不可遏？很多事情你无法避免，那么你就要改变自己，在这些惯常发生的事情中找到解决的方法，要预先想好发生这种情况时消除怒气的方法。

此外，你还可以通过呼吸疗法来治疗你的愤怒情绪：深吸一口气，再深呼一口气，告诉自己：“世界如此美好，我却如此暴躁，不好，不好，微笑。”

当然，你在平时就要锻炼自己心平气和的耐性，不断维护正向的思维模式，让自己看到事情好的一面，这样你产生怒火的机会就会变少，你也就不用费尽心机地去压制怒火了。

总之，再大的世界也能被有容之心所包容，敞开你的胸怀，宽容地看待世界上的一切，宽容地对待自己周围的人和事，那么你很快就会成为一个冷静而睿智的人。

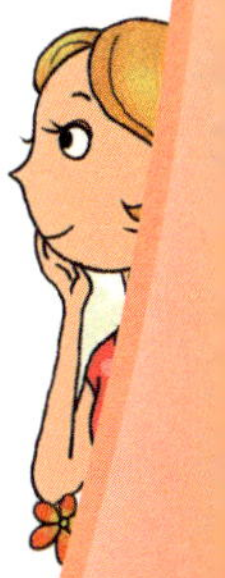

读者来信：

迷恋偶像怎么办

问

我很喜欢一个男歌星，但是妈妈说：“你再迷恋那些东西（照片、CD等），我就把它们全都烧掉！”我该怎么办？

答

其实，客观地说，这对你来说是不公平的。但你要明白父母是没有恶意的，他们只是还不能完全明白你的心理，也不能接受你的行为。

那么，你该怎么办呢？你要让父母放心，用语言和行动告诉他们：其实你只是以崇拜明星的方式来督促自己成长。当然，这话可不是空口说的，你要能真正做到，用明星的成功经历来激励你的成长，并取得显著进步。

总之，你可以做个有品位的“追星族”。不要因为崇拜明星影响自己的学习和生活，以明星的优点来鼓励自己，实现自己的目标和理想。

读者来信：

喜欢男生是不是不可救药

问

最近一段时间，我发现自己喜欢上了班里的一个男生，老师和爸妈经常说早恋是不对的，但是我又控制不住自己，我是不是不可救药啊？

答

你不要害怕，在你这个年龄，喜欢一个男生是很正常的。在青春期这个阶段，由于生理、心理发展不平衡，特别是随着性心理的产生和发展，青少年会对异性产生好感，但是我们没有必要把这当成洪水猛兽，因为只是好感而已。所以，不要觉得自己不可救药，如果你觉得自己处理不好这样的问题，不妨把这些事情讲给父母或者老师听，让他们给你提供正确的意见，然后你再去执行。

其实，只要你能用平常的心态去面对这些事情，就会发现这也没什么大不了的，只是自己成长过程中遇到的小插曲罢了。

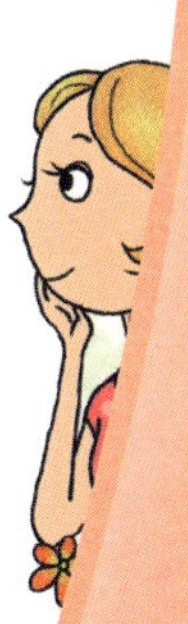

测试：

你是不是恋上某个男孩了

哪一个最像你？在下面圈出你的答案：

1.迪伦在你隔壁的桌子旁坐了下来。

A. 你觉得心里有点儿乱，但是仍然保持跟你的朋友们的对话。

B. 你说：“哦，我的天哪，他在这儿！”然后接着与你的朋友谈话。

C. 你尖叫并大笑，直到迪伦听到你的声音并且换到另外一张桌子边。你的朋友比你觉得更加尴尬。

2. 你在跟朋友游泳，夏维突然出现了。

A. 你们在打水球，当他从你们面前经过时，你跟他打招呼。

B. 你一直用眼睛的余光注意他。当他走到小吃店时，你拉了一个朋友跟着他。

C. 朋友?什么朋友？你就要像口香糖一样黏着这个男孩。

测试：

3.明天有一场大型的科学考试。

A. 你为这场考试努力复习。

B. 你打电话给你的朋友，谈论你喜欢某个人的事将近半小时，然后开始复习。

C. 你给麦克打了两个电话，给缪尼布打了三个电话，给乔打了四个电话。然后你瞟了一眼你的科学笔记，接着打电话给你的朋友告诉她那几个男孩对你说了什么。

4.你一直想学滑水。现在一群少年正在湖上进行这项运动，你终于有机会可以参与了。杰姆斯也在那里。

A. 你直接走到甲板上去学滑水。

B. 你花了一小时的时间来劝说杰姆斯下水。

C. 你待在岸上。如果杰姆斯不去滑，你也不去。

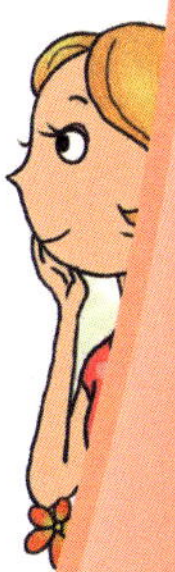

5.将自己喜欢人的名字列成一张清单。

A. 清单里有一到两个名字。

B. 清单里有三到四个名字。

C. 你还在写……（太多了）

第四章

我的身体怎么了

童稚尚未退去，你却已经被时间推着走进了一个新的成长阶段。你开始惊慌失措，对这种变化充满了好奇，却又感觉应付它有点儿力不从心。但其实，这正是成长的一部分。你的羞，你的恼，你那淡淡的哀愁，你的妈妈都经历过。只要你开口，妈妈就能读懂你的心，也能给你最好的指点。

初潮来了不要怕

初潮是女人一生的一个重要里程碑，也是青春期到来的重要标志之一。只是，很多女孩对于这个突然而至的信号充满了恐慌和怀疑。

12岁的小丽有一天忽然尖叫着从卫生间里冲出来："妈妈，妈妈，我得病了。我便血了。就像姑姑一样，我要不要住院啊，妈妈……"

小丽的爸爸妈妈听到她的尖叫声吓得赶紧跑过来，可是听她这么一说，爸爸笑呵呵地走开了，妈妈则拍着小丽的肩膀说："小丽，妈妈忘了把这件事告诉你了。哎呀，我闺女长大了。"

小丽急了，说：“什么跟什么啊？我病了，病了，可是你们居然谁都不管我。还说我长大了，长大了就可以不管我了吗？”

妈妈连忙把小丽拉进她的卧室，让她躺在床上等自己一会儿。妈妈到自己卧室找了一包东西拿过来递给小丽：“去，把这个贴在内裤上。”

小丽忽然明白了，但是她不相信，疑惑地问道：“妈妈，我也需要卫生巾了？我还没有长大啊！”

妈妈点点头，安慰她道：“你已经长大了。不过，你放心，你永远是妈妈的孩子。”

初潮，又称为初经，是指第一次月经，代表少女的身体经历青春期的变化。初潮通常在胸部开始发育后两年出现。少女第一次来月经，是一种生理信号，是青春期到来的重要标志之一。初潮代表子宫内膜受到雌激素刺激而发育了，也代表从子宫到子宫颈到阴道的“通路”打开了。

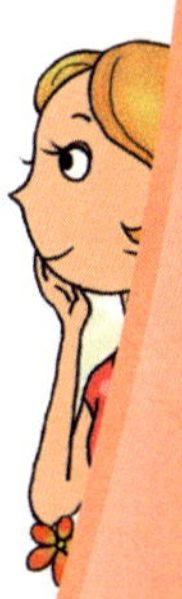

初潮表明卵巢已开始有了功能，原来在卵巢皮质中的成千上万个滤泡已逐渐开始发育成熟，身体的内分泌系统也开始有了功能，在下丘脑—垂体的控制下卵巢能分泌雌激素对子宫内膜产生影响了。

一般来说，当女孩生长发育突然变快，食欲增加，同时，其他青春期特征越来越明显，比如，乳房发育隆起，时有疼痛，阴毛、腋毛开始增加，颜面红润，这些现象应是初潮即将来临的预兆。

初潮有早晚，一般认为和遗传有很大关系，如母亲初潮早，女儿也会偏早；母亲初潮晚，女儿也可能偏晚。但这并不是绝对的，它还会受其他因素影响。东方女性初经的平均年龄在12～16岁，不同国家的统计略有不同，和饮食习惯、气候等有关。

如果女孩已过18岁仍无月经来潮，称为原发性闭经；女性过去曾有过正常月经，现停经3个月以上，称为继发性闭经（不包括因妊娠、哺乳、绝经所致），这就需要检查身体的健康状况了，要检查是否有生殖道下段闭锁、先天性无子宫或子宫发育不良、卵巢肿瘤、脑垂体肿瘤或功能低下、内分泌或消耗性疾病。除此以外，月经的时间、量、伴随症状等的变化也是发现和诊断许多疾病的重要线索。

女孩在第一次行经时，常常会产生恐惧心理，实际上只要知道这是正常的生理现象就不会那么恐慌了。母亲可以事先给女儿讲一些有关经期保健的知识。

1. 增强女性机体的造血功能

月经引起机体经常性地失血和造血，这使得女性的循环系统和造血系统得到了一种男性所没有的“锻炼”。这一点在意外失血时体现得最明显，女性一般比男性能够较快制造出新的血液以补足所失血液。

2. 月经可避免过量铁的伤害

有一种称为血色素沉着症的遗传性疾病，容易引发患者铁元素代谢失调，身体内会积聚过多的铁，铁过量会缓慢地导致皮肤、心脏、肝、关节、胰岛等处的病变。医学证明，治疗铁过量的方法之一就是定期排放一定量的血液，而月经就能起到这样的作用。因此，血色素沉着症引起的器质性损害在女性身上出现的概率大大低于男性，甚至几乎不发生。也就是说，月经周期性的失血正好消耗掉了过量的铁。

初潮后，月经常常不规则，数月、一年才行经一次或出血不断，发生子宫“功能性出血”。这是因为卵巢功能还没有健全的缘故。病情严重时需补充雌激素，帮助建立正常的周期，一般待卵巢功能逐渐成熟后，月经就会正常。

初潮后，少女应该注意以下问题：

1. 经期应经常清洗外阴。经期机体抵抗力下降，如果不注意清洁卫生，则极易引起细菌感染。据统计，初潮少女外阴瘙痒症的发病率为6.9%左右，其主要诱发因素就与经期外阴不清洁和手淫有关。

2. 初潮时应避免参与剧烈的体育运动。长距离骑车和跑步等最好不要在月经期进行，以免过度疲劳导致抵抗力下降，诱发疾病。

3. 加强自我防护，使用优质卫生巾。千万不可为了贪便宜，而使用劣质产品，更不能用消毒不严格的普通卫生纸来代替。

4. 注意休息，保证充足的睡眠时间，食用营养丰富、易于消化吸收的食物，这对增强体质、恢复精力大有裨益。

5. 避免接触冷水，注意保暖，不游泳等。

6. 保持心情愉快。

总之，不要把月经当成负担，很多女孩亲切地把月经叫作“大姨妈”。的确，“她”就像邻居的阿姨一样，只是隔一段时间过来串串门；如果“她”不来，那你的麻烦可能就大了。所以，用一颗平常心对待“她”吧。

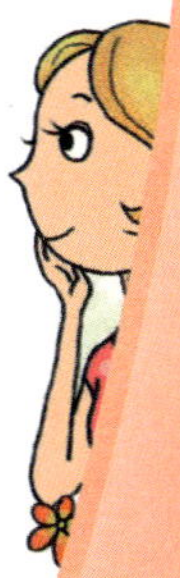

令人伤不起的白带

随着月经来临，女孩还会面对一样东西，那就是白带。

小雅最近病了，但又不知道得了什么病，她只好拉着同伴潇潇来妇科就诊。当那位和善的中年女医生问小雅感觉哪里不舒服时，小雅一时不知该如何是好，她脸涨得通红，吞吞吐吐半天，也没有说明白，最后还是潇潇说是来检查白带的。医生不禁笑了，于是询问了小雅的具体情况。

小雅去年月经初潮，先是稀少，过半年后才变得正常起来，每月一次，有规律地来临，却出现了很多白带，黏糊糊的，很不舒服。小雅在大街上看到很多广告牌上写着女性阴道炎等信息，她怕自己得了阴道炎什么的，特地请了假来看病。

医生问道：“是不是每天都有？”

“不是天天有，都是在月经中期出现，连续五六天的时间，然后就没了，至经前一两天又出现了。”小雅已平静下来，她非常清晰地回答了医生的提问。

“什么颜色？”

“开始好像是透明的，像蛋清样，有两次有一点儿血丝。经前时像稀糨糊状，内裤上有白斑。”

“外阴痒过吗？”

“没有。”小雅摇头否定。

医生为小雅做了检查。外阴正常，只是阴道口有一些白带，呈蛋清样。

医生是一个很有耐心的人，她看到这个孩子因为不懂而害怕，于是就想给小雅讲讲白带的问题。她告诉小雅不用担心，她的白带是正常的，是排卵期典型的白带症状。

小雅一听，和潇潇欢呼雀跃起来，但她很快又停下来不解地问：“为什么以前没有呢？而且现在月经已经规律了，白带反而比不正常时多了，这是为什么？”

医生又给她解答了一番，并告诉小雅回去后可以通过相关图书等了解更多的生理知识。

白带是女性从阴道里流出来的一种带有黏性的白色液体，它是

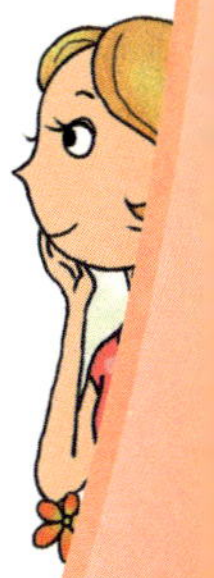

由雌激素发育而形成的，主要由前庭大腺、子宫颈腺体、子宫内膜的分泌物和阴道黏膜的渗出液、脱落的阴道上皮细胞混合而成。白带中含有乳酸杆菌、溶菌酶和抗体，故有抑制细菌生长的作用。一般月经中期白带增多，稀薄透明；排卵后白带又变黏稠，混浊而量少；经前及孕期白带均有所增多。

青春期少女会经历一个月经由稀少紊乱变得规律的过程，当月经逐渐稳定后，卵巢功能就已经发育成熟。此时卵巢有排卵，每月一次，生育功能进一步完善。卵巢分泌雌激素的量也呈周期性增减。

月经期雌激素水平最低，随着月经的停止，雌激素水平开始逐渐上升，至排卵前一天，雌激素水平最高。在越来越多的雌激素刺激下，子宫颈腺体分泌大量蛋清样黏液，即为月经中期前后几天的蛋清样白带。

这时候的白带是由许多根极细的透明纤维构成，纤维纵行排列，形成“管道”，管道中充满水分，给精子“游泳”提供了便利。精子即由这些极细的“水道”上游，进入子宫颈管、宫腔，最后到达输卵管远端，与等在那里的卵子会合，受精发生，形成新的生命。

排卵后若无受精，雌激素水平短暂下降，使子宫内膜有小片剥离，引起经间出血，这在医学上被称为“排卵期出血”。此后，雌激素会逐渐上升，破裂剥落的内膜得以修补，排卵期出血随之停止。

也就是说，月经中期的蛋清样白带是在为受精“铺路”，是人类繁衍后代所必需的。没有这种白带，精子就不能上行去与卵子相会，新生命就不能产生，人类将无法繁衍下去。

对于少女来说，月经中期的大量蛋清样白带是卵巢功能发育成熟的象征，是健康的标志，所以，无须为此担忧害怕。

如果白带的色、质、量发生异常改变，那么就要小心了，这在医学上被称为“白带异常”。出现白带异常总有原因，不同疾病引起的白带异常也不同，你可以简单地了解一下：

一般来说，无色透明黏液性白带：外观与排卵期的正常白带相似，只是量多而已，常见于应用雌激素类药物后；豆腐渣样白带：是霉菌性阴道炎的特征；脓性白带：色黄或黄绿，如脓样，有臭味，这大多由感染引起，常见于阴道炎、宫颈炎、子宫内膜炎等；血性白带：白带如染血，应警惕宫颈癌、子宫体癌等恶性肿瘤；黄水样白带：多由于病变组织坏死所致，常见于黏膜下子宫肌瘤、子宫颈癌、输卵管癌等。

对于青春期少女来说，只要保持阴部卫生，一般不会发生什么白带病变，一旦你的白带出现异常，就要到医院去检查，请医生来帮你辨别。

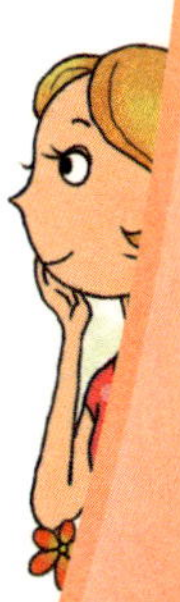

该如何呵护身体

大多数女孩在小时候就已经了解了女人的完美体形这件事，这倒不是她们的基因所致，而是社会文化造成的影响。由于父母有时会谈论女人的体形，所以她们才会对此格外关注。

到了9岁，女孩对身体已经有了清晰的认识，并开始关注自己的身体。到了青春期，由于激素变化，女性身体的自然围度（尺寸）会出现更大的变化，女孩经常会有这样一种错误的感觉：身体已经变成了令人讨厌的、可恶的、丑陋的“肥胖”状态，或者认为自己已经不具备少女应该有的那种纯粹的美丽。这些想法会严重影响女孩的自尊心和自信心，情况严重时甚至会影响女孩今后对自己的评价和发展。

当然，爱美是没有错的，但并不是只有标准的瘦身材才是美，成长中的女孩，身体的每一部分都是美的，千万不要不尊重自己的身体。

有一位美国家长说：“我的女儿经常高度紧张。在她十几岁的时候，就经常会限制自己的饮食，这使她得了厌食症，我差一点儿失去了她。我真的不懂她在做什么，我一直在想，我到底做错了什么？我从来没有给她灌输减肥的观念。我自己很胖，但我从来没有动过减肥的念头，我一直认为我这样很好。而我的女儿，她一直是个漂亮的小孩，体形也很标准。但是，在她14岁以后，她就看不见这些了。后来我才知道很多孩子都认为她身材非常标准，这本来是对她的赞美，却给她带来了巨大的压力，她必须通过不吃饭来保持这样完美的体形。后来，医生告诉我们说，她正在慢慢地把自己饿死。我们吓呆了。谢天谢地，我们及时发现并找到了人来帮助她。”

美国的一些教育家认为，很多人对女性只是以物来定义，即格外看重女孩的外貌，而不注重其内涵。在这种价值观的影响下，还没有辨识能力的女孩会自然地给自己一个严苛的身体体形标准，并力图让自己达到这个标准。

但是这样的女孩通常会因为把精力都浪费在外形的塑造上，而失去了培养内涵的机会。随着年龄的增长，这些女孩还会对失去的青春以及肌肤弹性的下降而感到恐慌，不知所措，变得极度空虚，不知道该用什么来弥补。这种活在别人制订的标准中的女孩很难拥有自己的特色，要知道，你的人生是属于自己的，千万不要总是活在别人的眼光中。

在现实社会中，男性过多地看到女性的物性，社会文化和营销文化都在标榜女性的物化美，女性自身也就跟随潮流而动，正在成长中的女孩受到这种文化氛围的严重影响，也很难形成正确的审美观，进而为了所谓的“美”而忽视自己的身体健康。

我们当然强调女孩的美感，但是这种美是全面的，是一种“气场”上的美感。说白了，无论你穿着什么，身材如何，脸形怎样，只要你往那里一站，就不由得让人多看你几眼。这种美应该是性格美、气质美，是一种由内而外散发的“芳香”。

当然，这并不表示你要忽视你的身材和体形，一般来说，女孩的自信是从爱自己的身体开始的。只有拥有健康的身体，才能通过学习等活动丰富自己的内涵。

《少女灵修书》的作者梅姬·阿贝蒂讲过这样一个故事：

在一次芭蕾舞表演中，领舞女孩忽然来了月事。她穿着紧身的白色衣服，腰上系着衬裙，看上去纯洁无瑕，之后，一股血顺着她的腿流下来。那时候，所有的观众都大吃一惊，有的女人甚至发出一声惊呼，并蒙住了眼睛不敢看接下来的事情，可是这个女孩是第一次上台，她不愿意屈服于羞耻感或难堪的感觉而失去这样一次锻炼的机会。她继续跳下去，完美地展现了芭蕾舞应该有的韵律美。当她跳完的时候，她准备接受一场嘲讽和谴责，但是让她感到惊讶的是，全体观众起立，对着她大声呼喊，一些女人甚至激动地哭着说：“孩子，好，做得好。你应该这样做！”

梅姬说，那表明一个少女自身爆发的能量，不需要受外界的“羞耻感”的约束。

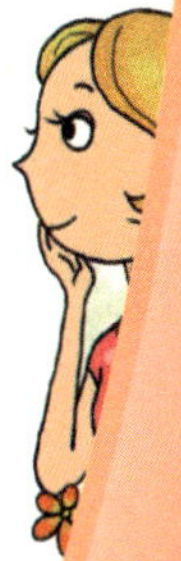

其实，就像月有阴晴圆缺一样，无论是满月还是残月都有一种自然的美，因此，你应该以正确的态度面对自己的身体变化。假如你能够以欣赏的眼光看待自己的身体，那么你就能与其融为一体，能认真倾听身体的声音，能了解身体的喜怒哀乐，及时发现身体的变化。反之，如果你否认身体的完美，就会觉得自己的任何表现都差强人意，进而让自己处于焦虑不安中，无法形成健全的人生观、世界观和价值观，也没有精力去挖掘自身更多的潜能。

你的身体和思维是一个不可分割的整体，身体与它的各个部分，思维与它的各种能力等，共同组合塑造了你这个人。当你真正关怀自己的身体时，就会发现各个部分都与整体关联着，各个部分和其他部分也互相制约着。

意识到自己的身体及其需求，还有身体各部分之间的关系，这听起来像是很难完成的一个任务，可实际上并没有那么困难。其中，最重要的一点是你要认识到，你是一个独一无二的人，是一个有价值的人，是一个完整的人，完全值得你给予自己全部关照。

青春期保健知多少

没有人喜欢生病，可是对于青春期的孩子来说，特别是女孩，她们经常会自作主张地“虐待”自己的身体，以影响自己的身心健康为代价，来满足自己对美的需求。这其中包括减肥、穿耳孔、文身等问题，这些活动不仅无法让你实现美的愿望，还可能让你失去健康。

青春期是身体发育的一个特殊时期，此时身体需要补充各种营养，女孩一定要注意这样一个原则，健康是第一重要的，美是其次，要知道，健康是美的第一要素。就像早开花的树结不了好果一样，过早地进行美的修整的女孩，难以享受健康幸福的生活。所以，从现在开始，你就要树立一个观念，做好青春期保健。

所谓青春期保健，是指月经初潮到性器官发育成熟的时期，包括身体、心理方面变化的一种健康保护性措施。具体来说，包括以下几点：

1. 不要无故减肥

除非你太胖，医生建议你减肥，否则别轻易就做出减肥的决定。

2. 不宜拔眉描眉

眉毛有阻挡汗水、尘埃和保护眼睛的作用。处于青春期的女孩眉毛尚未生长发育齐全，这时拔眉和描眉等于除掉眼眸屏障，使尘埃等无遮拦地直落眼眶，易患眼病，影响视力和学习。而且拔掉眉毛对眼眶周围的神经末梢是一种恶性刺激，会引起眼肌运动的失调，造成眼眶周围皮肤松弛，容易出现皱纹和眼睑下垂，影响成年后的容貌美观。

3. 不宜穿耳孔

爱美的女孩在很小的时候就要穿耳孔。但实际上少女的耳朵娇嫩，这时穿耳孔可造成人为的耳外伤，还有引菌入体造成感染化脓等危险。

4. 不宜穿高弹裤

高弹裤紧裹裆、臀和大腿，通透性差，影响血液和淋巴循环，妨碍关节伸屈和身体正常发育，且极易造成少女外阴炎，出现外阴瘙痒、疼痛、红肿，因搔抓可使阴部表皮呈弥漫性溃疡，排尿后痛痒更甚，腹股沟淋巴结因感染而肿大、疼痛。

5. 不宜束胸

束胸会影响乳房的正常发育，甚至还会限制肋骨、胸骨的发育，对身体健康是十分不利的。

6. 不宜浓妆艳抹

人体全身的皮肤共有上千万个汗孔，每天由汗孔排泄出许多体内废物。少女浓妆艳抹，无疑阻塞了体内废物的排出，这样不仅影响体温调节，还容易造成皮肤过敏，影响面部肌肤发育和美观。

7. 不要久坐

久坐不但无法保持好的体形，还会影响健康。所以，不要久坐。你可以一边看电视一边做些简单的运动。每天沿楼梯上下200级左右，这样能让你保持精神焕发。饭后，你可以先收拾餐桌、洗刷碗碟，然后再干点儿其他的家务活儿，也算是一种简单的运动。

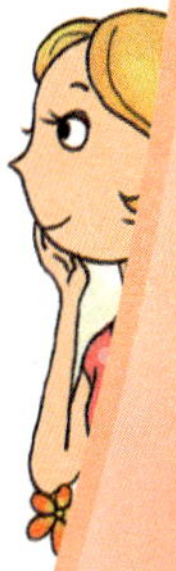

8. 不宜穿尖头高跟鞋

少女脚趾软嫩，长期穿尖头高跟鞋，不仅挤压摩擦脚趾，还会引起脚病。这种脚病，医学上称为高跟鞋跖痛症。常年穿高跟鞋，足弓抬高、加大，走路时足尖被迫挤压向前方，致使和跖神经伴行的血管管壁增厚，形成局部血栓，引起足跖神经缺血、变性，或形成嵌甲，疼痛难忍，年老后还可能引发更多脚病。

9. 不宜用激素促使乳房发育

有的少女嫌乳房小，而服用雌激素促使乳房发育，虽有暂时作用，但滥用雌激素不仅容易引起恶心、呕吐、厌食，还会导致子宫出血、子宫肥大、月经紊乱和肝、肾功能损害。时间一长，还会增加患乳腺、阴道、宫颈、子宫体、卵巢癌等疾病的可能性。

10. 不宜长期用一侧牙齿咀嚼食物

长期使用一侧牙齿咀嚼食物容易造成一侧牙齿劳损，面部发育不对称，影响面部美观。

11. 要保持乐观的心态

保持良好的情绪，经常笑口常开，对青春期的发育也具有一定的促进作用，因为笑对增强免疫系统有奇效，既能消耗热量，又能调节心情。

12. 经常参加社交活动

一般来说，喜欢交际的人比孤僻的人身心更健康，因为社交活动既能让人心情开朗，又增加了人的运动量，是一举两得的理想活动。女孩一定要多与身边的朋友交往，尽可能地多结交良师益友。

总之，青春期时女孩的身体迅速成长，心理发育日趋成熟，我们要顺势而为，给身体补充充足的能量，多关注她们的心理状况，让她们顺利地度过青春期。

穿戴文胸的常识

进入青春期的少女，就像含苞待放的鲜花，最突出的一个变化当然就是胸前的“花苞”已经渐渐长成。可这最美的变化却常常让羞涩的女孩子不知所措。

有的女孩害怕别人看到自己胸部的变化，故意含胸驼背，影响了自己的骨骼发育和身材的健美；一些粗心的女孩不知道该如何保护自己的胸部，致使胸部变形……在这样一个时期，女孩一定要懂得一些正确的保护乳房的措施。

青春期乳房的发育标志着少女开始成熟。隆起的乳房也体现了女性成熟体形所特有的曲线美和健康美，并为今后结婚生子、哺乳准备了条件。因此，保护乳房的健康是女性青春期保健的主要方面。关于保护乳房，应注意以下两个问题：

1. 是否要穿戴文胸

保健医生给女孩的建议是不应束胸，因为束胸对少女的发育和健康有很多害处。但生活中为了防止乳房下垂，也为了身材健美，女性从十几岁青春发育期就开始佩戴文胸。实践证明，一直以女性闺中密友面目示人的文胸其实很容易成为女性健康的“杀手”。越来越多的女性因为文胸穿戴不适而让乳房受了伤，文胸已经成为乳腺疾病的重要诱因之一。

而束胸对于少女来说伤害更大，不光会引起乳腺疾病，还可能会引发其他疾病。

（1）少女束胸时心脏、肺和大血管受到压迫，从而影响身体内脏器官的正常发育。

（2）束胸会影响呼吸功能。

束胸的女人要变换呼吸方式，学会腹式呼吸。正常情况下，胸式呼吸和腹式呼吸两种呼吸动作协调配合进行，才能保证人体正常的气体交换。当束胸时，胸式呼吸无法正常进行，胸部不能充分扩张，肺组织不能充分舒展，吸入空气量减少，以致影响全身氧气的供应。同时，还会让腹式呼吸也变得很艰难。

（3）束胸压迫乳房，使血液循环不畅，从而产生乳房下部血液瘀滞而引起疼痛，甚至造成乳头内陷。乳房发育不良，不但健康受到影响，造成将来哺乳困难，而且影响胸部的美观。

一般来说，青春期的女孩应该选择背心式和少女型的文胸，那

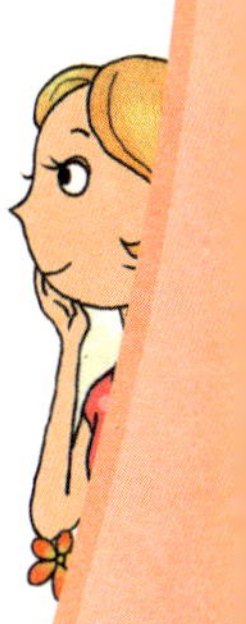

种带有钢托的塑形文胸并不适合。当然，你可以随时把乳房发育的情况告诉妈妈，以便及时得到必要的保健指导。

2. 佩戴合适的文胸

乳房由乳腺、乳腺管、脂肪和结缔组织等构成。由于乳房内部没有骨骼和肌肉支撑，因此缺乏有力的支托，站着和坐着时，乳房都会因本身的重量作用而下垂，时间长了，会影响乳房的血液循环和发育，造成乳房松弛，导致乳腺管弯曲变形，影响乳房的外观形态和将来哺乳的功能。当剧烈运动时，乳房也随之发生较大幅度的震动，会使人感到极不舒服，严重的还可能导致血液循环障碍而诱发乳房疾病。所以，到了一定的阶段，就需要佩戴合适的文胸。

乳房发育基本定型后，少女就可以选戴合适的文胸。一般来说，从乳房上缘用软尺开始测量，然后经过乳头到乳房下底部，如果距离在15厘米左右就可以戴文胸了。

现代女性戴文胸很多都存在误区：大小不合适会让乳房长期受压、血液循环不畅；戴文胸时，习惯托着下乳房会破坏其自然状态影响新陈代谢功能；选用有钢托的文胸正好堵住了淋巴回流的部位；光图漂亮不看材质，使乳房长年处于密闭空间，呼吸不到新鲜空气。

为了防止出现上面这些情况，佩戴文胸时应该遵循以下几个原则：

（1）尺码要合适

文胸小了束胸太紧，尤其是如果下围的钢托又硬又紧的话，就会压迫乳房，影响乳房血液循环和供给，引起乳腺增生等疾病。所以需要选用尺码合适的文胸，文胸背带不能窄于2厘米，也不能过短、过紧，要有调节纽扣；运动时最好戴运动文胸。

（2）戴文胸时间不宜过长

专家发现，每天戴文胸12小时以上的女性比短时间戴文胸的女性患乳腺癌的可能性高出21倍，所以戴文胸时间不宜过长，更不能戴着文胸睡觉。没事时可以多做做扩胸运动或者抬起上肢，促进血液循环。

（3）选用棉质文胸

化学纤维的文胸透气性较差，容易诱发皮肤过敏。人活动时，文胸会不断摩擦乳头，文胸内的纤维细丝很容易从乳孔进入乳腺，时间一长，可能会堵塞乳腺和乳头，诱发乳腺疾病。

（4）不同的年龄段选择更适合自己的文胸

一般来说，胸部较大的女性，内衣肩带要宽一些，否则就会使肩部的承托力度不平均，加重肩背负担，长此以往会导致背疼或胸部下垂。

文胸不仅是一种装饰品，而且是女性必备的保健用品。由于少女体形不同，乳房大小也各不相同，必须选择尺寸合适的文胸、佩戴后要感到舒适而无紧束感。还要根据身体发育成长中的胖瘦变化，随时更换文胸。总之，胸部美和健康对于女性来说十分重要，希望你从穿戴文胸开始就要学会保护自己的乳房。

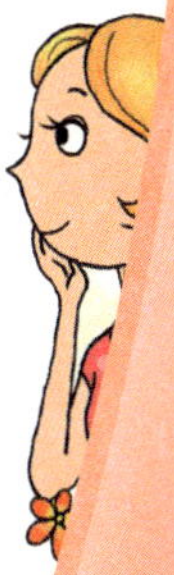

读者来信：

胸部发育过快怎么办

问

我妈妈说我的乳房正在发育，我不知道该怎么去面对它。我该开心，还是害怕呢？我才9岁，我觉得胸部好像长得太快了！

答

大多数女孩进入青春期的时候都会觉得既开心又害怕。你可以问问妈妈她的乳房开始发育的时候，有什么感觉。很可能她和你有同样的感受呢。记住，乳房的发育只是这个过程的开始，需要很多年呢。你不必因为身体正在变化，就觉得自己应该表现得像个大人。你还是个小孩子，还可以做你过去常常做的事。最重要的是，把注意力集中在成长中的重要方面，坦然地面对青春发育期的各种变化。

读者来信：

青春美丽“痘”如何藏

问

我长了青春痘，学校拍集体照的日子快到了，有没有一种化妆品能遮盖住脸上的痘痘，而脸上看起来又不像涂过化妆品的样子呢？

答

往每粒痘痘上涂一小点儿遮瑕膏，然后再轻轻地扑一点儿粉。如果你需要别人帮忙的话，可以请妈妈或者找一个朋友帮你操作一下。可以在照相的前一天练习。在家给自己拍个照，看看自己化妆遮瑕的技术怎么样。睡觉前要把脸上的化妆品洗掉。到了学校拍集体照的时候，就直视相机镜头，露出你灿烂的微笑，这样拍出的照片会更加自然。

第五章

与朋友相处的那些事儿

英国有句谚语说："没有相处能力的人，就像陆地上的船，永远也到不了人生的大海。"世界上没有任何一个人不需要和人交流，也没有任何一种工作不需要和人打交道。所以，从小时候开始，女孩就要学会人与人之间的相处之道，不但要获得别人的赞誉和尊重，还要在与人交往的过程中找到自己的位置和提升自己的动力。

如何做个人气女生

每个女孩都渴望拥有众星捧月的感觉，希望所有的人都关注自己，一言以蔽之，希望自己成为一个人气小女生，牢牢地掌控着自己的小圈子，成为这个圈子里的主角。

那么，怎样才能成为这样的人气小女生呢？

1. 你要敞开心扉

要想获得别人的好感，你就要能给别人营造好感。你可以主动问候别人，让人注意到你，慢慢地了解你。敞开心扉的第一步其实很简单，就是微笑着问候别人。和对方的眼睛对视，先向对方问好，这样就容易得到别人的关注。

主动爆出自己的糗事。虽然我们不能传播别人的隐私，但是可以适当传播一下自己的“隐私”，因为这的确可以拉近你与别人之间的距离。但是一定要注意把握尺度，不要一下子把让自己特别尴尬的事情告诉第一次见面的朋友。首先，那可能会让你处于危险的境地，你不知道对方是否是一个能够保守秘密的人，或者是否愿意为你保守秘密；其次，你爆料的尺度太大会让对方觉得你看不起自己，一个看不起自己的人自然也不会被别人看好。当然这个尺度如何把握还需要你慢慢从生活中体会，书本和别人提供的毕竟是间接经验。

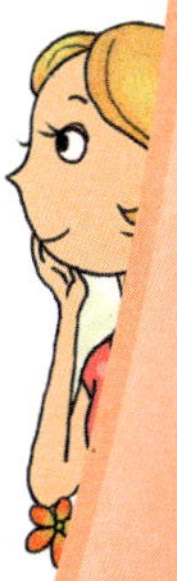

2. 你要有那么一两个优秀的人做“死党”

很多学生喜欢将自己谈得来的伙伴称为“死党”，他们往往是同班同学，有说不完的共同话题，整天形影不离。可以说，“死党”是处于青春期的孩子无话不谈的密友，是最了解自己“秘密”的伙伴兼“亲信”。基于这种“特殊关系”，决定了“死党”地位的微妙性——既牢不可摧，又脆弱得不堪一击。所以，女孩在选择朋友的时候，一定要非常谨慎，除了有共同话题之外，还要格外考察她的品质。

3. 克服不良交友心理

自卑与自傲都不能要，当然最重要的一点就是在与人交往的时候不能产生自恋心理。

自卑心理会让你找不到真正知心的朋友，自傲的人更容易制造矛盾，也很难找到真正的朋友，而自恋会让你的朋友迅速远离你。

不要总是猜疑、忌妒、敌视你的朋友，更不要把对方的某一优点或某一缺点无原则地加以泛化，使交往难以健康发展。

除此之外，多疑、敏感也容易对对方的言行产生误解，认为对方鄙视自己、嘲讽自己、敌视自己，从而影响你们之间的友谊。

这些不良心理都会造成你交友行为的偏差，并最终使你成为不受欢迎的人，所以要不断调整自己的心理。

总之，在和别人交往时，你要学会容纳，学会辨识，学会控制自己的不良情绪。这样，当你放开眼界，你就会有许多好朋友，进而成为一个人气小女生。

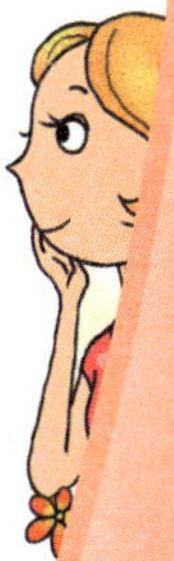

坚决不做“小长舌妇”

亦舒说过：“做朋友便是做朋友那么简单，最恨别人去打听我的隐私，如果你认为值得付出友谊，让我们握手言欢，如果不，那么去找别人，但别试图探听我的秘密。我的秘密，属于黑暗。”

没有人喜欢别人将自己的隐私到处宣传，所以，你首先要学会的相处之道就是保守秘密。

上海教育电视台《学子》栏目负责人接到过这样一个电话。一名家长在接通电话后泣不成声，声称自己19岁的女儿安安经常情绪失控，脾气暴躁，外人无法与她接近。当负责人问起原因，这名家长告诉他说：这一切，正是由她的隐私被身边同学揭开散布所引发的。

原来，这个叫安安的女孩因为虚荣心曾经偷过试卷，不巧正好被老师发现。老师在教育了她一番之后就让她回去了。但老师和安安都没有注意到，班长在办公室的外面将老师的话全部听到了。

班长也曾暗下决心不让这个秘密传出去，可最后还是忍不住告诉了一个低年级的学妹。当然了，为了保护当事人，他还使用了化名。

但是这个学妹偏偏好事，她有个小姨也是这个学校的老师，她立刻给小姨打电话问到底是谁偷试卷未遂。小姨虽然责备了这个好事的外甥女，但还是把安安的名字告诉了她。

于是，一夜之间，整个学校都知道了安安的丑事。每个人都对着安安指指点点，安安不知道是班长和那个她不认识的人出卖了自己，还以为是老师故意爆料，羞愧加上憎恨、恐惧，使她变得神经兮兮。

偏偏那个老师也不知道安安的事情已经被广泛传播，在讲解试卷时，请安安回答问题，问她某道考题该怎么解答最好。安安刚刚站起来，班上就有同学起哄说："她是该说说。"所有的同学哈哈大笑。安安彻底崩溃，她拿起自己的书扔向老师，尖声叫道："你到底想怎样！"书本正好打在老师的眼睛上，老师痛得大叫，教室一片大乱。

在这之后，老师并没有反省，反而勒令安安退学，说她严重影响了学校的教学秩序。离开学校的安安整日窝在家中，不吃不喝，很快就病倒了。据心理医生说，安安需要很长一段时间的治疗才能好转。安安的妈妈告诉《学子》栏目的负责人，希望能通过这个栏目呼吁所有的孩子，要尊重别人的隐私，不要随便传播别人的隐私。

尽管舌头没有骨头，但却是杀人不见血的“钢刀”。20世纪30年代的著名影星阮玲玉自杀留下的遗言就是“人言可畏”。由此可见，流言蜚语也能翻云覆雨，兴风作浪。

对于一个女孩来说，如果做一个讨人厌的长舌妇，那么她会在有意或者无意间伤害别人的同时，也为自己带来伤害。所以，从现在开始你就要学会认识人的隐私，能够把尊重人的隐私作为一种必要的行为习惯。在说话之前一定要仔细斟酌，千万不能乱说。

生活中，很多女孩会用秘密来换取友谊，这是女孩的一个交际法宝。小女孩在不谙世事的时候，就已经开始传播自己的“隐私”了：“你和我做朋友吗？你要是和我做朋友，我就会告诉你一个秘密。”大多数女孩说的通常都是自己的秘密，说自己的秘密代表着她的心向你敞开了，你可以放心地和她交往。

但有些女孩在听到别人的秘密之后，却没有意识到这个秘密只是与她共享，而不是与整个世界共享，于是，无所顾忌地把自己所知道的秘密宣扬出去，无意间扮演了“长舌妇”的角色，伤害了那颗向她敞开的心，也失去了一份纯真的友谊。

还有一些女孩的交际方式不是说自己的秘密，而是说别人的秘密，但实际上，这样的方式根本不利于交往。听秘密的人虽然满足了自己的好奇心理，希望听到更多的隐私，但是同时她也会在心里想：“你怎么这么长舌？今天你把别人的秘密告诉我，那么哪一天你肯定也会把我的秘密告诉别人。我还是对你小心一点儿吧。”

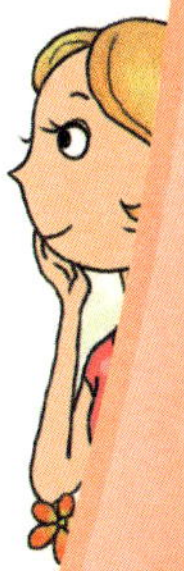

自己的秘密可以说，但长舌妇不能做。因为长舌就意味着是非，长舌就意味着伤害。爱说别人闲话的女孩，她的人品也会遭到人们的质疑。一位名人曾说：“要想成为一个有气质的优雅女性，就要千万注意，不可做一个长舌妇，不要陷入是非中。”

其实，大多数女孩还不能算是长舌妇，她们可能会在私下里讨论一下别人，发泄一下自己的愤怒、忌妒或者其他不良情绪，也可能只是表达一下自己的看法，她们只是无法宣泄自己的不良情绪。

但是如果这种爱讲是非的行为得不到有效控制的话，那么随着年纪的增长，就会变本加厉，因为忌妒心、攀比心、虚荣心等不良心理，会使你变成喜欢议论东家长、西家短的人，成为听不到别人家的糗事就寝食难安的人……

要知道，舌头是世界上最毒的“武器”，它具有极强的杀伤力。因此，你要时刻警惕自己的舌头，使自己保持适度的沉默，生活将会更加平安顺利。你即使不能阻止别人传播流言蜚语，但自己听过后也就算了，千万不要再去对下一个人说。

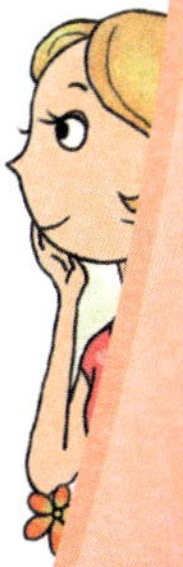

不要刻意迎合别人

交友有一条重要的原则就是：不刻意迎合别人，不刻意疏远别人，尽自己的努力帮助别人，但是也要留出自己的自主空间。著名作家刘墉在写给儿子的书中这样写道：

隔壁海伦请你过去帮忙弄电脑文件，你说："OK！"

派特请你帮忙修一下电子琴，你说："Yes。"

韩瑞叫你帮她去买一张张学友演唱会的门票，你说："No problem（没问题）。"

你为什么从来不说："No！"

那么，我们到底该不该说"No"，在前面我们已经告诉过你"一定要懂得奉献"之后，这个问题就变得有些纠结了。到底是没有原则地说"Yes"，还是毫不客气地说"No"？解答这个困惑，只需要回答一个简单的问题，当有人要威胁你的生命时，你是说"Yes"，还是说"No"，很显然，你的答案是后者。

当然，还有很重要的一点，你需要维护自己的利益。因为当你总是对人说“Yes”的时候，你的内心会告诉你：这不公平，我感觉好累。在这样的心态下，尽管你做了好事，但你还是会形成负向心态，这种心态必然会对你造成伤害。

而且，对于少女来说，正处于性格的形成阶段，需要正确的自我意识，这种自我意识不是自私意识，即要知道自己是谁，此生的使命到底是什么。如果一味地迁就别人，牺牲自己，不利于自我意识的形成，反而容易变得人云亦云。

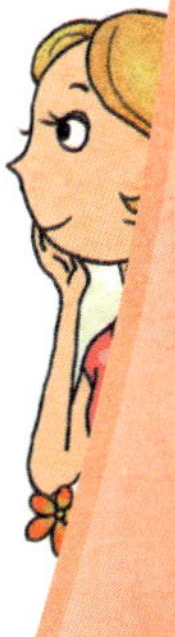

越是性格懦弱的女孩，越容易刻意迎合别人，为了那点儿可怜巴巴的友谊，她们甚至忘了分析友谊的实质，也不知道这样做是对自己的一种不尊重。

不可否认，就有这样的人，打着“友谊”的旗号，要挟朋友做这做那，如果朋友不做，那么就会说朋友“不够意思”。细细思量，好朋友都会相互尊重，哪有要挟的呢？受到要挟的友谊根本不能算是友谊。这样的友谊不要也罢。

可是女孩在小的时候是很难分清这些的，特别是对于自己渴求的好不容易得到的友谊，就更加珍惜，以为迁就就是经营、维护的方式，这种想法是错误的。

刻意迎合别人，不是奉献牺牲，而是无原则，更进一步说，只有没有思想的机器人才会一味地执行外部的命令。

你是聪明、活跃的个体，你要学会思考，在和朋友交往的过程中，既要维护自己的做人尊严，又要严格考察朋友，督促朋友改掉不良的习惯。

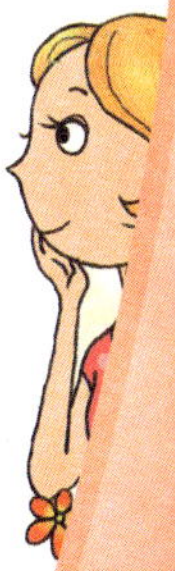

宽容朋友是境界，宽容对手是成熟

宽容胜过桃花潭水，宽容好似细雨春风；宽容是滋润心田的甘露，宽容是处理人际关系的良方。我们不但要宽容朋友，更要包容对手。

弯弯是个活泼可爱的高一女生，她喜欢有变化的生活，因此，她在放学的路上总是会给自己找一些新鲜有趣的事情，或者是一条新路、或者是一家新开的面包店……所以，当“花满堂”开业时，她成了第一个顾客。

弯弯一推门走进“花满堂”就开始嚷嚷：“老板呢？老板呢？”这时候一个帅帅的大男孩走过来，问她有什么事，那个男孩太帅了，弯弯一见竟然呆住了，半天没有说话。那个帅哥看她如此，不禁莞尔一笑。弯弯这才意识到自己的失态，脸倏的一下红了。她忽然忘了自己进来干什么，尴尬的她转身就往外跑。惹得那个帅哥大笑不止。

弯弯跑出门口才想起自己不过是想告诉这家店主：“花满堂”这个名字不好听，她有更好听的名字——香榭花舍或者丝路花语。想到这两个漂亮的名字，弯弯又有了勇气，她毫不迟疑地又转回来，依然是一推门就大声喊道：“老板呢？老板呢？”完全无视那个离她只有一码远的帅哥。

那个帅哥笑意依然，他问道：“我就是老板，你要买花吗？”弯弯一愣，没想到他居然就是老板。弯弯定定神，眼睛故意不看他，非常高傲地说：“我觉得你们这个‘花满堂’的名字不好听，太俗气了，这不能吸引顾客。”弯弯停了一秒钟，等着老板说话，但她从眼角余光瞄过去，发现他在笑着看她的脸，仿佛在研究她，她有些发慌，连忙改了口气，说：“也许你有自己的想法，但我觉得香榭花舍或者丝路花语会更好些。”说完也不等老板回答，转身就走。

那个老板叫住了弯弯，递给她一枝漂亮的白玫瑰，说道：“谢谢你，这是答谢你的礼物。”弯弯不好意思地推辞，老板却以坚定的口气告诉她：“因为你是我的第一个客人，而且你告诉我如何起名字能帮助我吸引顾客，所以，我相信你能给我带来好运。我希望把你当成朋友。”听老板这样一说，弯弯立刻释然，她一改刚才的莽撞和羞涩，大大方方地坐下来，和帅哥老板聊天。

从聊天中，弯弯得知，老板的名字叫刘宇，他有一个侄子叫刘强，也在弯弯所在的学校学习。刘强？弯弯太熟悉了，他是她们班的一个男生，长得人高马大，常常欺负女生，女生都是敢怒不敢言。弯弯就不怕他，那天，刘强又欺负他的女生同桌，让她帮助他削铅笔，恰好被弯弯看见了。弯弯把自己当成了女中豪杰，立刻大声斥责刘强：“你自己没长手啊，干吗动不动就欺负女生！”刘强从来没有受过这个，他眼睛一瞪，喝道：“你敢惹我？”他的同桌被这个声音吓坏了，连忙说：“没事，我帮他削就是了。”弯弯也一瞪眼：“你有没有一点儿女性的尊严。怕他什么？一个男生，以欺负女生为乐，那还算什么男人！”刘强腾地就站起来，班级里立刻有人起哄，所有的人都围在了刘强和弯弯旁边。弯弯毫无惧色，怒目瞪着刘强。眼看着刘强伸出他那铁一样的拳头，马上就要打到弯弯的脑袋上了，就听一声断喝：“住手！”班主任像神武将军一样现身在刘强身后，刘强立刻就像泄了气的皮球，手瘫软下来。弯弯得意地看着刘强。刘强小声说：“你等着！”

当弯弯把这段故事添油加醋地说给刘宇听时，刘宇笑得前仰后合，连连说：“我那侄子被他父母惯坏了，一直无法无天的，看来现在他有对手了。”

两人聊了很久，弯弯这个自来熟很快与刘宇成了好朋友。从此以后，弯弯放学的时候总是会拐到刘宇的店里玩一会儿才回家。一天，弯弯刚拐到花店门口，就感觉后脑勺被什么东西重重撞击了一下，她“哎哟”一声，用手捂住后脑勺，感觉鲜血顺着指缝流出来。她尖声大叫：“我头破了，我要死掉了！”还不忘回头去找“凶手”，远远地，她看见一个身影颇似刘强的人拐过一条街跑了。

刘宇听到弯弯的叫声，赶忙跑出来看怎么回事。当他看到弯弯受伤后，立刻拉下店门，发动汽车，送她去医院。到了急诊室，医

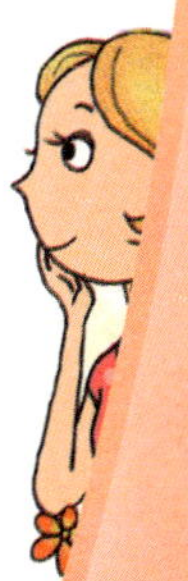

生检查后说："还好伤口不大，算是不幸中的万幸！但需要住院检查一下，看看有没有脑震荡。"

刘宇叮嘱弯弯打电话告诉妈妈，并提醒弯弯，在打电话的时候不要吓着妈妈。弯弯很听话，只是轻描淡写地告诉妈妈自己在路上摔了一跤。但是妈妈听了还是不放心，以最快的速度赶到医院来看她。

见到妈妈，弯弯还是很激动，她抱着妈妈说："那个死刘强，我明天一定要告诉老师。他这属于故意伤人。我想他一定会被开除。哈，这下可好了。我为学校除去一大害。"弯弯没有注意到，刘宇的神情有些异样。由于弯弯不需要陪护，妈妈待了一会儿就搭刘宇的车回家了。

第二天一早，弯弯刚从睡梦中醒来，刘宇就敲门进来了。看着他手捧着一大束百合花，弯弯兴奋极了。这时候，刘宇忽然支支吾吾起来。弯弯是个直性子，就问有什么事。刘宇有些难为情地请求弯弯不要告刘强的状，因为刘强已经是第三次转学了，如果再被退学，可能就没有学校愿意接收他了。

弯弯忽然感觉很气愤，自己被刘强打伤，可是自己的好友居然还在替刘强的未来担忧。也难怪，毕竟人家是叔侄关系，自己算什么，不过是一个买花的"顾客"罢了。弯弯不由得伤心起来，她低头不语。刘宇连忙解释说："我不是让你原谅刘强，我知道这个小子罪该万死，他把我哥折腾得死去活来。可是他自己其实也知道错了，这束花就是他央求我送给你，表示谢罪的。"

弯弯不知道该怎么办才好，她一会儿觉得刘宇不把自己当朋友，不为朋友伸张正义；一会儿又觉得刘强罪大恶极，如果不惩治他，他就会变本加厉；一会儿觉得做人应该宽容，没有宽容就没有朋友；一会儿又推翻了这个观点，认为自己很委屈，被人打得住了院，还要替别人着想。

亲爱的女孩，如果你是弯弯，你该怎么办呢？

法国作家拉·封丹写过一篇寓言：北风与南风比赛，看谁能把行人身上的大衣脱掉。北风猛刮不止，行人反把衣服裹得更紧；南风徐徐吹拂，行人感到温暖，便把衣服脱掉了。

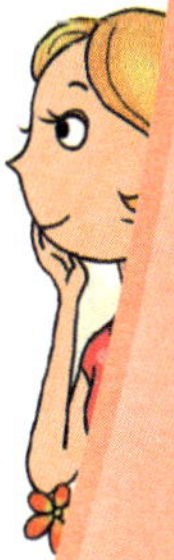

这个寓言说明什么？其实，惩治刘强有更好的办法，不必使用强烈的“北风”，使用徐徐的“南风”反而容易让这个孩子改掉不良的行为。弯弯可以通过刘宇和刘强进行沟通，听听他的忏悔之意，给他一个悔改的机会。这样，不但不会失去刘宇这个朋友，反而还可能会把刘强转化成朋友。这就是一种高境界的交友之道。正所谓“宽容朋友是境界，宽容对手是成熟”。如果弯弯能够宽容，她就会获得刘宇的敬重，获得刘强的感动，还能督促刘强反思自己，进行改变。

虽然我们是小女生，但是我们可以通过一言一行来改变世界，我们可以给世界以阳光，这就是我们的魅力，也是我们成熟的标志。原来，美好非常简单，就是一举手一投足的改变。

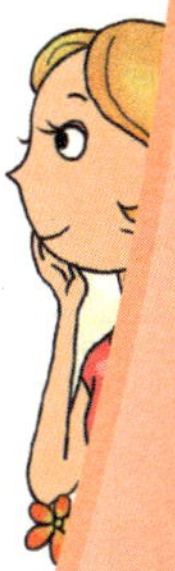

女孩平静对待异性的方法

生活中，很多女孩都不知道如何与男孩相处，最终走向了两个极端。

有些女生为了躲避“桃色”新闻，刻意把自己打扮成一个“铁三娘”的样子，在男生面前绷着脸，不苟言笑，仿佛自己对异性毫无兴趣。

另一些女生则喜欢和男生打交道，嘻嘻哈哈，毫无分寸，根本无视外界对自己的评论，她们可以满不在乎地说："身正不怕影子斜。"

小红和小慧在网上相遇了，她们除了知道对方是高中生外一无所知，不过这样的关系反而有助于她们吐露心事。这不，在小红打开心扉后，两人热火朝天地聊起来：

小红说："我喜欢上了我们班长。怎么办？"

小慧一看，心里一动，立刻跟进，说："我特理解喜欢一个人的感觉。"

"真的？""当然。""你喜欢谁？""你先说，我再说。""你说……"

"好，其实我也喜欢我们班长。"

"啊，你喜欢的不会是我的班长吧？"

"拜托，我的IP地址是浙江，你是黑龙江，虽然都是江，可却是不同的江。"

"呵呵，我好紧张。还是我先说吧。我与班长接触比较多，开始我根本没有留意，可是后来我发现自己非常喜欢他。上课的时候，总想多看他几眼。放学以后，满脑子都是他的样子，以至于写作业时常常一个人发呆。班长喜欢打篮球，我就经常偷偷跑到篮球场去看他。躲得远远的，好丢人啊！"

"你完全有机会和他聊聊啊！"

"我哪敢啊。以前我们还说话，自从我发现自己喜欢他之后，在班里就很少和他说话了。我知道自己现在不应该有这种想法。我曾经努力忘记他，可是我做不到……"

"真是痛苦。不说我了，你呢？"

“我啊……我的故事不好，我活泼外向，经常和男生一起玩儿。我们学校有一个著名的校草，是很多女生心仪的对象，但很少有女生敢和他说话。就因为我和他多说了几回话，同学们就戏称我们是一对。开始，我无所谓，反而故意要和他在一起玩儿，在一起聊天。可是渐渐地，我发现自己真的开始喜欢上他了。他的一举一动都会引起我的注意。现在，我整天为此心烦意乱。我想考北京大学，可是如果我继续和他交往下去，恐怕会影响学习。如何交往……”

“唉……看来是一样的问题。”

“你恐怕也不知道我该怎么办吧？”

“没错啊，我现在也是泥菩萨过河——自身难保。”

“不过，和你说说，我心里好过多了。”

……

这两名高中生在聊天中提到了每个青春期少男少女都不可回避的课题——如何与异性相处。进入青春期后，有很多女孩会像小红一样，不能原谅自己对异性的“想入非非”，却又忍不住描绘那种浪漫的动人情节。

从医学角度说，进入青春期的少男少女体内性激素含量激增。正是体内大量的雄激素或雌激素的激增，使得青春期的少男少女产生了接近异性的需要和愿望，学者称之为“性要求”或“性冲动”。这种想法不是错误的、下流的，而是正常的、健康的，它们像吃饭、睡觉、出生和死亡一样普遍、自然。所以，没有必要把这当成一种耻辱。

如果一味地压制自己的这种情感需求，反而容易引发心理疾病，比如，异性交往恐惧症。患上这种疾病的人一方面在潜意识里

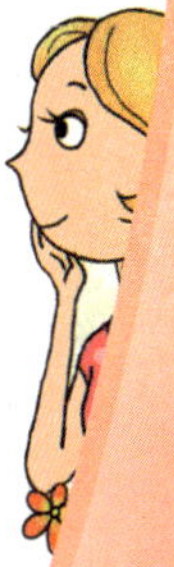

有与异性接近的强烈愿望，另一方面也因此产生严重的焦虑情绪，于是表现出在异性面前感到异常的紧张和恐惧的症状，有的甚至出现异性关系妄想等心理症状。异性交往恐惧症主要表现为不敢与异性目光接触，更不敢与异性交谈，即使与异性交谈，也会面红耳赤，言语不清，一看见异性向自己走来，则全身紧张、流汗。

青春期是一个美妙的时期，对友情的需求，对异性的好奇，加上浪漫的幻想，混合成一种不同寻常的情感体验，给了少男少女探索自己、认识自己新的经验和机会，不少学生从此展示出个人生活中最美好、最慷慨、最富有建设性的一面。

当然，这并不是说我们就可以任由"性冲动"来支配我们。如果要把"性冲动"变成一个人性格发育中的积极因素，就意味着它必须受到适当的控制。你要避免一种错误，那就是不要把这种对男生的好感当成成人常说的爱情。爱情是指人格成熟的两个异性经过一段时间的交往，彼此有了深入的了解，从而建立起来的持久的亲密关系。处于青春期的你，人格还不成熟，性情尚不稳定，生活阅历浅，自我认识和对他人的认识与辨别能力还很有限，再加上职业尚未确定，你可能不了解自己未来的生活方式，当然也就不知道自己未来需要什么样的人做伴侣。而且，你和你喜欢的他都处于成长期，你们未来的变数很大，谁都无法保证过一个阶段后他还是你最初看到的样子。所以，不要把这种朦胧的好感当作爱情的萌发，匆忙地与某个特定的异性建立深厚的个人关系。

青春期的你与异性交往的目的，主要不是寻找恋爱伴侣，也不是找到那种被人宠爱的感觉，而是了解异性，学会与异性相处，并在这个过程中培养友谊，发展自己。对于任何一个人来说，来自异性的认可会给人以信心，来自异性的鼓励往往比来自同性的鼓励作用更大。

而且，处于青春期的女孩，学习压力特别大，和男生交往，有利于缓解学习压力和青春发育带来的心理不适。就像心灵上突然打开了一扇窗，我们还能在与异性的交往中感受到学习和生活的乐趣与意义。

一些和男生交往过（不是恋爱意义上的交往）的女孩都有这样的感受，在和男生交往的过程中，对自己有了一种新的认识，还对自己提出了新的要求，希望自己变得更美丽、更出色……

所有这些都在证明，你喜欢某个男生时，不必遏制自己与他交往。那么，怎样与异性相处才是恰当的呢？

1. 群体交往

我们前面已经说过了，要积极参加集体活动，这里又为你找到了一个参加集体活动的理由。特别是当你喜欢某个男生的时候，往往不敢单独和他交往，这时候你可以通过群体交往来消除紧张的情绪。如果你性格内向，那么群体交往反而容易让你不再那么紧张、羞怯，更容易自然地表达自己，这样有助于培养自己以平常心与异性相处。

当然，在这个过程中，你更有机会了解不同的异性，因为一个人在群体中的表现比他在某个异性面前的表现更为真实，而且在群体比较中，你能更容易分辨一个人的品质和能力。

2. 有距离地交往

很多大胆而活泼的女孩想和喜欢的男生进一步接触、交往，其实这样做很容易对自己造成伤害。因为你们正处于变动的年纪，未来是不确定的，现在的好感很容易变化。特别是当你的好感只是一种幻想的时候，它的变化可能就会更大。如果你们已经开始了深入

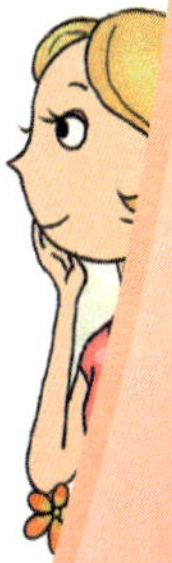

交往，这时候忽然撤退，对自己和对方都是一种伤害。

所以，在你对对方还没有充分的了解时，最好少和某一位异性单独而深入地交往，而要多给自己一些机会了解其他异性。

总之，不管你是否有了喜欢的男生，都不要放弃和男生交往的机会，因为社会有一部分是由男性构成的，将来无论你做什么工作，都不可能只和女性打交道。只是在与男生交往的过程中，要保持平静，不要迷失自己，也不要显得过于强势，只要自然而然地交往就行了。

读者来信：

网友是否都不可信

问

我在网上和一个网友聊得特别投机，他约我见面，但是新闻上到处都在说网友是不可信的，我该怎么办？

答

最好不要去见面。如果你非常想去见面的话，一定要谨慎对待，最好带着你的朋友一起去见面；地点的选择也要谨慎，不要到偏远之地，以免上当受骗。

作为女孩，不管在什么时候都要把自身的安全放在首位，如果你自己无法作出决定，也可以和父母进行沟通，让父母给予你意见。

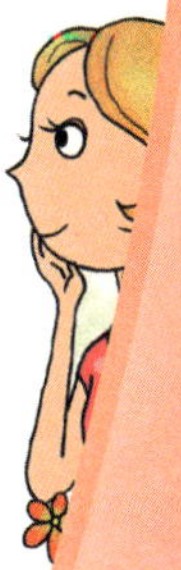

读者来信：

和朋友发生矛盾后，如何既不丢面子又能让她原谅自己

问

我跟我的好朋友吵架了，我想和好，又不想去道歉，觉得那样很没面子，我该怎么办？

答

女孩都是非常爱面子的。很多时候，两个好朋友之间为鸡毛蒜皮的一点儿小矛盾，最后闹到分道扬镳，就是因为顾忌面子，两人都不愿意做第一个低头的人。

朋友是什么？朋友应该是这样的人，你和她在一起没有话题的时候不会觉得尴尬，你做错事情向她道歉的时候不会觉得丢人。所以，想与朋友和好，不必考虑面子问题，想说什么就说什么，不要有太多顾虑。如果对方不理你，怎么办？如果你们是真正的朋友，由于你们有共同的话题，有共同的思维方式，你们会在发生问题的时候同时进行反思，你认识到自己错误的时候，对方可能也在检讨自己。当你主动提出与她和好，她会感动于你的宽容、大度、有涵养，更愿意和你成为好朋友。

读者来信：

不能和陌生人说话吗

问

爸爸妈妈总是跟我说，不能和陌生人说话，但是在学校我见到的老师和同学刚开始也都是陌生人啊，我该怎么办？

答

在你还没有长大成人之前，父母总是会告诫你：不要和陌生人说话，小心陷阱！这使你提高了警惕性，但同时也让你对世界充满了怀疑。你当然要警惕各种欺骗，但也没有必要把自己封闭起来，和所有陌生人说“No”。

就生活范围来说，排除大街上的陌生人，你还是会接触到各种各样的陌生人，新进入一所学校，新分到一个班级，参加一次非学校举办的活动，参加学校与学校间举办的交流活动等，都会遇到陌生人，如果你不和这些陌生人沟通和交流，就失去了锻炼自己的机会。

因此，你还是需要和陌生人打交道，以提高自己与人交往、与人相处的能力，增强辨别人的品质的能力，防止被坏人欺骗。

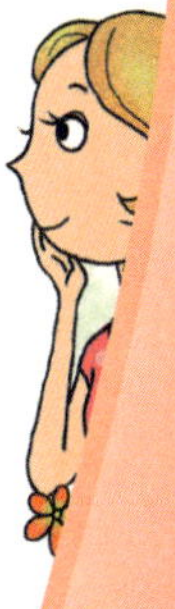

读者来信：

男生总盯着我的胸罩带子看，怎么办

问

我才10岁，乳房就很大了。我在跟男生说话的时候，他们总是盯着我胸罩的带子，我该怎么办？

答

和你同年龄的男生会对女生身体的变化感到很好奇，而他们总是不能很好地隐藏这种好奇。如果你发现一个男生盯着你的胸部，你就倾斜头部，试图和他对视。如果他扭头看别处，感到尴尬了，这就对了——你已经教训了他一顿，让他学会尊重人。如果他没有转移目光，你就要让他知道他正在做的事冒犯了你。如果他没有停止取笑你，或者你觉得害怕了，就要告诉家长、老师，让他们帮助你解决这个问题。

读者来信：

什么是性骚扰

答

1. 发表关于性的评论或者评论你的身体；

2. 吹口哨或者做粗鲁的手势；

3. 蹭到你，触碰、抓、戳你的乳房以及你身体的其他部位。

如果你在生活中碰到这样的情况，要马上告知老师或者家长，以便他们采取行动来保护你。

第六章

原来生活处处是学问

生活是一本非常复杂的百科全书，饮食、休闲、养生、时尚等，处处都是学问，每一个课题里面都包含着非常繁杂的内容，是女性一生都要学习的知识。所以，女孩在生活中应多关注这些学问。

健康是美丽的前提

下面是一位妈妈与一位医生在一场青春保健论坛上的一段对话，说的是女儿不懂青春期保健，“虐待”自己的事情。

“你好，李医生。我15岁的女儿现在在一所重点中学读初二，本来她学习成绩特别好，是老师心目中的好学生，是同学眼里的佼佼者。可一年前，她不知何故开始节食，我们怎么劝都不听，她有瘦身成果后还非常得意，说：‘刚瘦下来的感觉真好，别人都说我更漂亮了。’但紧随而来的却是很多问题：她原来身高1.62米、体重54千克，现在只有34千克了；一年前月经来潮，现在已经好几个月没来了；特别怕冷，便秘；患严重贫血，好几次差点儿晕倒。医生说由于她不正常进食，电解质也紊乱了，为此还输过几次液……”

“这是神经性厌食症的基本症状。”

“对，我早就知道了这个病的名称，但我以为就是不吃饭，没想到它会这么严重。你能详细给我介绍一下吗？”

“这种疾病多见于女性，发病年龄层多在少年期及青年早期。主要表现为体重减轻和进食减少，一般患者的体重至少比标准体重(按身高折算)下降25%，这种病会因营养不良而引起女性闭经、怕冷、机体的毛发脱落、理性思考和注意力的减退。我想如果我猜得没错的话，她现在的成绩一定已经出现了下降的情况。”

“没错，以前她的成绩是班级里的前三名，现在则倒退了十几名，自己也着急，拼命补课，可是却没有什么进步迹象。她现在变得忧郁、焦虑、爱发脾气，简直就像换了个人似的，原来的活泼可爱劲儿全都不见了。我真是愁死了。”

“这种病就是会对情绪和心理产生影响，时间久了，孩子会表现为孤独、不愿与人交往、隐瞒进食行为、情绪不稳定及忧郁、个性改变，还会引起便秘、低血压、低体温、心跳快、电解质紊乱及内分泌改变等一系列症状，甚至会危及生命。”

“啊，那我该怎么办呢？”

“她现在情况已经很严重了，所以你必须考虑住院治疗，让她恢复体重。同时，还要改变她对美的错误观念。早纠正还来得及，时间拖得越久，对孩子的身心伤害就越严重。”

……

对于青春期的女孩来说，营养比减肥更重要，它直接决定了你的身心健康和未来的发展。具体来说，青春期必须保证以下几种营养需求：

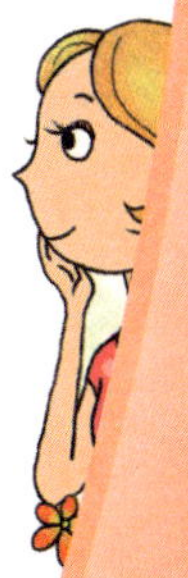

1. 热量

青春期机体内组织合成迅速增加，如热量供给不足，组织合成受阻，就会出现营养不良、体重下降等现象。

热量的供给来自机体每天从食物中摄取的糖、蛋白质及脂肪。但就像上面案例中的孩子一样，很多女孩还在身体发育的时候，就为保持身材苗条有意减少每日热量的摄入，结果造成营养缺乏，影响身体健康。但热量摄入也不是越多越好，否则易患青春期单纯性肥胖症。因此，热量每天供给要适量。

一般来说，青春期女孩每日需求的热量大致为：10～12岁2350千卡，13～15岁2490千卡，16～19岁2810千卡。

2. 蛋白质

人体的每一部位、每一细胞中都有蛋白质，它是构成身体的基本材料之一。可以说，没有蛋白质就没有生命。蛋白质有很多种存在形式，一些调节机体代谢和生理功能的酶与激素、能够增强免疫功能的抗体也属于蛋白质。

进入青春期，骨骼、肌肉、性腺等机体内部的各组织器官都在快速生长、发育，需要大量优质的蛋白质，若供给不足，则体格、智能发育都会受到影响，并容易感染疾病。

青春期蛋白质的需要量不仅要考虑摄入量的多少及个体生理状况，而且也要注意膳食蛋白质的氨基酸组成，热量摄入多少及其他营养素的摄入情况等因素。就少女来说，每天的摄入量要充足，并应以优质蛋白为主。

一般来说，动物性食物（如鱼、禽、蛋、奶、瘦肉）中蛋白质含量较高，而且氨基酸的构成比例适合人体需要，属优质蛋白质。米、面等植物性食物中的蛋白质由于某种氨基酸不足，其营养价值往往不如动物蛋白。但大豆例外，大豆的蛋白质含量高、质量也好，是植物蛋白中的优质蛋白。如果将黄豆和粮食混着吃，或将动物性食物和粮食混着吃，则蛋白质的营养价值会大大提高。

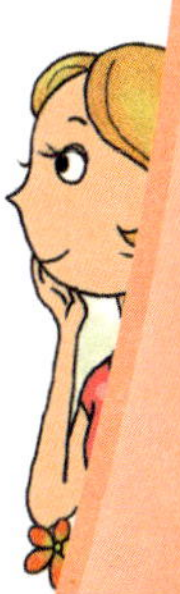

3. 维生素

维生素是保证青春期健康发育的营养素，它们参与体内各种代谢活动。人体不能合成维生素，必须从天然食物得来。若供给不足，就会出现各种维生素缺乏症。

维生素分为脂溶性维生素和水溶性维生素两大类。脂溶性维生素能储存于肝脏，若摄入过多可致中毒。水溶性维生素在体内储存甚少，必须每日摄取足够量以满足机体的需要。青少年容易缺乏的脂溶性维生素有维生素A和维生素D。

我国青少年膳食中维生素A普遍缺乏，因为乳、蛋及动物性食物中维生素A含量少，其主要来自蔬菜中的胡萝卜素。青春期维生素A供给量每天不少于700国际单位，才能保证身体的正常生长发育。

水溶性维生素有维生素B_1、维生素B_2、维生素C等。维生素B_1、维生素B_2及烟酸的需要量均随热量摄入量的增加而增加，在紧张的脑力和体力活动期，上述三种维生素需要量也相应增加。对处于青春期的女孩来说，在考试期间及大强度体育训练期间，应多补充含维生素B_1、维生素B_2及烟酸等的食物来满足特殊的消耗。

维生素C能促进生长发育，增强青少年对疾病的抵抗力，防止骨质脆弱和牙齿松动。少女每天对维生素C的需要量不低于75毫克。新鲜水果及蔬菜多富含维生素C，所以多吃水果蔬菜能够增强抵抗力。

其他维生素，如维生素D、维生素E、维生素B_{12}、叶酸等对少女生长发育也是必需的。肝、瘦肉、牛奶、蔬菜、大豆、橘子、香蕉、葡萄、梨、核桃、栗子等富含这些维生素。

4. 脂肪

怕胖的女孩都是谈“脂肪”色变，但青春期必须摄入一些脂肪，否则会影响身体发育。这里所说的脂肪，其实应当叫作脂类，脂类除包括一般的脂肪外，还包括类脂（如磷脂、糖脂、固醇类等）。磷脂、糖脂、胆固醇是构成人体细胞膜的主要成分，脑髓和神经组织中也存在大量磷脂和糖脂。

脂肪是人体热能的一种储备形式，是高热能的营养素，脂肪在必要时随时分解供能，为机体所利用；脂肪可促进脂溶性维生素A、维生素D、维生素E、维生素K的吸收。

人体需要饱和脂肪酸和不饱和脂肪酸。饱和脂肪酸摄入过多，会造成诸如冠心病等疾病的发生，而不饱和脂肪酸有降血脂的作用。另外，一些多不饱和脂肪酸（如亚油酸、亚麻酸）与生长发育有关，且机体自身不能合成，必须由食物供给，因此一般主张多摄入不饱和脂肪酸。动物油含饱和脂肪酸多、植物油则以不饱和脂肪酸为主，再加上平常所吃的肉、蛋、奶等也能为我们提供饱和脂肪酸，所以人们才有多吃植物油、少吃动物油的养生之道。这样，吃进去的动物油、植物油的比例就会比较适宜。

除此之外，黄豆、核桃、瓜子、芝麻等食物含不饱和脂肪酸、磷脂丰富，应多吃一些，对少女的生长发育有促进作用。

5. 矿物质

矿物质也叫无机盐，在人体内有60多种，它们在构成人体结构、调节机体代谢、促进生长发育等方面起着特殊作用，也是生命活动的调节剂、助长益智的营养素。诸多矿物质中，在青春期需要量较多也最易缺乏的有钙、铁、锌、碘等。

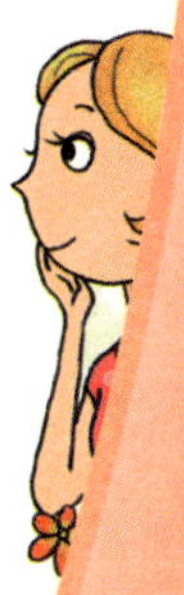

钙对青春期生长发育的速度影响很大，青春期生长发育与正常的骨骼发育是分不开的，而骨发育需要大量的钙来参加，一般要求每日钙供给量不少于0.5克。

铁是造血的原料，缺铁可导致贫血，还会使机体抵抗力降低，对学习和智力也有影响。中小学生中缺铁性贫血发病率较高，特别是青春期少女，因月经来潮失血而机体造血功能还不完善，很容易发生贫血，因此少女应注意多吃些含铁丰富且铁吸收利用率高的食物，如动物肝脏、动物血、瘦肉等，同时补充维生素C，以促进铁的吸收。

锌对青春期生长发育更为重要，锌有助于机体细胞的分裂、繁殖，促进生长发育、大脑发育和性成熟。缺锌会引起生长缓慢，严重可导致侏儒，第二性征不发育，青春期锌的营养正引起各方面的重视。每天青少年应从食物中摄取锌15毫克左右，才能满足正常需要。食物中以海产品（如扇贝）、肉类、核桃、松子等含锌较多。

碘在青春期营养中的地位也很重要，青春期甲状腺机能增强，需要更多的碘合成甲状腺素，以调节体内代谢，促进生长发育。缺碘后生长发育明显延缓，易出现青春期甲状腺肿大，严重缺碘可影响智力。海产品含碘较多，多吃海产品（如海带、紫菜等）是很好的预防缺碘的措施。

6. 碳水化合物

碳水化合物也叫糖类，是生命活动的主要能源。碳水化合物是最经济、最主要的热能来源。我们每天所需要的能量，有60%左右由碳水化合物提供，膳食中有了足够的碳水化合物，蛋白质才不会过多消耗，才能更好地发挥其特有的生理功能。对于少女来说，生长旺盛，学习任务繁重，活泼好动，能量的消耗很大，因此需要摄入大量的碳水化合物。

粮食中含量丰富的淀粉、甘蔗和甜菜中含量丰富的蔗糖、牛奶中的乳糖、蜂蜜中的果糖及葡萄糖、水果蔬菜中的纤维素及果胶等，都属于碳水化合物。通常纤维素和果胶等膳食纤维不能被消化吸收，无法产生能量，但它们能够促进肠蠕动，防止便秘、排出有害物质，对预防高血压、糖尿病、肥胖症、结肠癌等有好处，所以建议少女每天应摄入一定量的膳食纤维。

7. 水

水是生命之源，人活着，时时刻刻都离不开水。食物只有在水中才能被吸收、利用，吸收的养分要通过血液才能到达全身各处、体内的废物要通过水才能排出，正常体温的维持也需要水。

如今的孩子大多生活在经济条件富足的家庭中，他们很少会喝饮用水，而是选择各种各样的饮料。虽然这些饮料也能提供一些水分，但不能完全用来代替水。饮料一般都以糖、食用色素、香精等配制而成，即使是天然果汁一般也加了糖、色素等物质，只喝饮料不喝水的话，就会摄入过多的糖分和一些人工合成的色素，而水分吸收量却变少。因此，不要养成只喝饮料不喝水的坏习惯。

总之，对于青春期的女孩来说，美固然重要，但营养更不可缺少。只有身体健康了，你才会变得更加美丽。

修炼完美身材

每个女孩都想拥有完美的身材，只要掌握一些修炼高挑身材的方法，就能让自己变得更有魅力。

下面这些方法供你参考：

1. 挺胸

医学美学认为，女性的曲线美是世界上最美的事物。而人体的曲线最重要的是三围，三围中第一围便是胸围。坐、立、行都需要让胸部尽量向前挺，这是保持美丽体形的起码要求。

当然，这不仅是物化美的需求，挺胸对健康也十分有利，不仅可以增加肺活量，减轻心肺的压力，增加胸腺激素的分泌，还可以防止脊椎神经索受压迫，利于促进肺、心、脑血液循环，对增加大脑供氧极为有利。

就塑形来说，挺胸直背是高雅气质的重要特征，会使人显得有活力、有风度。再完美的身材，如果含胸驼背也会大打折扣。

挺胸不是一种练习，而应该是一种常态。但是在没有形成习惯之前，你需要不断告诉自己：挺胸。你在早晨起来做几个挺胸运动之后，开始念诵“挺胸”，刷牙时念，洗脸时念，走路时更要念，这样，这个“挺胸”的行为模式就会自然植入你的思维之中，有利于习惯的形成。

2. 收腹

可以和挺胸一起做。其实，经常运转腹部，可以帮助消化系统进行消化，还可以帮助塑形，也是一种不错的修炼身材的方法。具体方法为：边用力转动腹部边收腹，且每次做的时候至少要30次。

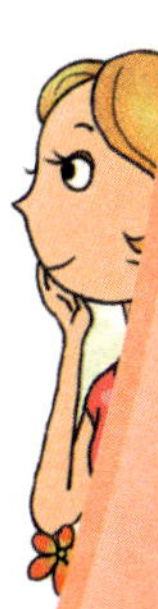

3. 提肛

经常提肛，有助于消化系统和泌尿系统的保健，防止消化不良及肥胖症。同时，还可以使走路姿势更美观。

4. 举重

两手分别拿起一个3千克~5千克重的哑铃，以右脚作支撑，左脚放在身后几厘米处。保持背部挺直，髋部向前倾斜，直到身体差不多与地面水平，哑铃与肩膀在一条线上。恢复到开始的位置，这是一个完整的动作。做12个动作，然后换腿练习。这个动作可以让腹部、腰部、臀部、腿部的线条保持完美的状态。

5. 抻脖颈

这个动作要求脖子向后自然挺直，从生理学讲，可以使第一颈椎的椎位正位，减轻脑干、小脑延髓的压力，保证心脏向大脑供血的总动脉畅通。这个动作对于经常伏案学习的学生具有非常重要的意义，因为它可以舒缓颈椎的压力。

除此之外，我们还可以学习一些简单的瑜伽方法，来修炼完美的身材。“瑜伽”一词来源于印度梵语“yug”或“yuj”，意思是“一致”“结合”或“和谐”。瑜伽是一个通过提升意识，帮助人们充分发挥潜能的哲学体系及其指导下的运动体系。

1. 站立式

这组瑜伽动作可以加强全身肌肉协作能力，促进骨骼生长，同时达到排出杂质、废气的作用，让身体能量平衡。

做法：

（1）站立。双脚分开，与肩同宽。

（2）吸气。双臂经身侧向上伸举，于头顶上方合掌，扣住大拇指。同时，身体向左转。

（3）呼气。这由两个动作合成：将重心移到左腿上，吸气，右脚跟抬起，全身重心向上移动伸展；呼气，双臂向下，俯身，抬高右腿，最终身体形成“T”形。

（4）保持均匀呼吸。还原时，吸气，手臂引领身体向上抬起，右脚落回地板。

（5）呼气。转动全身回正，手臂缓缓放下，两脚收回，站立放松。反侧同理。可反复做3～6组。

2. 增延脊柱伸展式

这组瑜伽动作可以清理、净化脊柱神经和大脑，刺激淋巴系统，以帮助更好地排出体内的毒素，促进新陈代谢。

做法：

（1）站立。双腿两脚并拢。

（2）吸气。双臂带动全身纵向伸展；呼气，自腰部向前向下俯

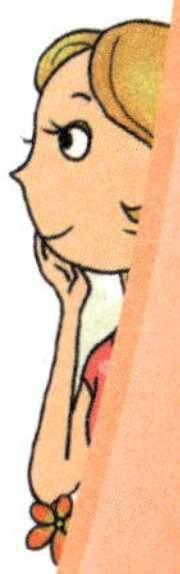

身前屈，双手指尖抵于两脚旁侧；吸气，抬头，尾骨向上，双腿伸直，感受腰背的全面伸展。

（3）呼气。双手抓握脚踝或小腿，俯身靠向两腿，身体完全对折，脖子放松，双膝要伸直。

（4）还原时吸气，手臂引领上身缓缓抬起，向上伸展；呼气，手臂经身侧放下。站立放松。反侧同理。可反复做3~6组。

3. 侧臂拉长式

这组瑜伽动作可以按摩腹内脏器，调节腺体，稳定内分泌系统，可有效增强全身免疫力。

做法：

（1）站立。双脚分开，两倍宽于肩。

（2）吸气。双臂平举，让胸、背部呈舒展的状态。

（3）呼气。右脚向右转动90度，弯曲右膝，使大腿、小腿之间成直角；同时，俯身向右侧弯，右手指尖抵于右脚内侧地板，双臂在一条直线上，转头看上方的手指。

（4）还原时吸气，起身，伸直右腿；呼气，转动右脚回正，双臂放下，两脚收回，站立放松。反侧同理。可反复做3～6组。

虽然这些运动有助于修炼完美的身材，但是它们更多的是让你保持身心健康，特别是瑜伽运动，能够改善人们的生理、心理、情感和精神方面的能力，是一种达到身体、心灵与精神和谐统一的运动方式。

真正的美是一种来自内部的美，当然不只是“心灵美”这么简单。这种来自内部的美是一种对自己的宠爱，对生活的热爱，以及对未来的期待。希望你在修炼完美身材的时候，能更多地注重这种内在的美。

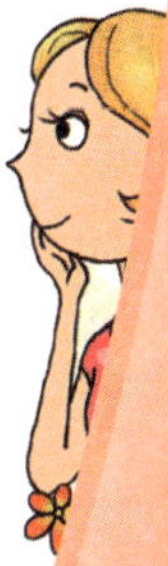

吃出美丽肌肤

如今，美食养颜已经成为女性最热衷的话题，那些普通的瓜果蔬菜不再只是打开味蕾的食品，而是一个个具有召唤美丽能力的精灵。茄子、葡萄是紫衣天使，黄瓜、青苹果是绿精灵，番茄、李子则是红袍将军……它们都受到爱美女性的极大青睐。

那么，对于女孩来说，吃什么能使自己变得更加美丽呢？

如果脸上长出了讨厌的小痘痘，吃什么最好？

1. 酸奶。酸奶可以促进肠道蠕动，促进新陈代谢，排毒养颜。

2. 皮肤上出现了毛孔粗大的问题，需要吃黄瓜，也可以用黄瓜片敷在脸上，黄瓜片具有补水、保湿、美白的作用。

3. 清晨起来喝一杯温水，有利于解决便秘问题。注意，温水要慢慢喝。

美容食品：

1. 秋冬季节，人们总会受到皮肤干燥的困扰，吃什么可以保持肌肤水分？猕猴桃是不可或缺的补水美容食品。

2. 春天吃韭菜，可以使肌肤变得白皙细嫩。韭菜是一种可药食两用的佳品。在春天里，乍暖还寒，女性最需要保养阳气，所以这个时候的韭菜对于女性来说既是补品又是护肤品。

3. 想要淡化色斑，番茄的效果最好。番茄红素和维生素C是天然的抗氧化物质，对淡化色斑非常有帮助。

4. 吃胡萝卜可以让你拥有一双明眸。胡萝卜是有效对抗自由基的抗氧化剂，有助于身体免受自由基的伤害，对微血管组织较多的部位如眼及肺部具有保护作用。

5. 吃芝麻糊可以使你青春常驻。中医认为，芝麻味甘、性平，有补血、润肠、通乳、养发等功效，适于治疗身体虚弱、头发早白、贫血、大便燥结、头晕耳鸣等症状。黑芝麻糊的效用更胜鲜奶，食用它皮肤会光滑、少皱纹，还会令肤色红润白净。除此之外，还可以治疗便秘。

健胸饮食：

胸部需要以下营养素：维生素A：椰菜及葵花子油等，有利激素分泌。B族维生素：牛肉、牛奶及猪肝等，有助激素的合成。维生素C：葡萄、西柚等，防止胸部变形。维生素E：芹菜、核桃等，有助胸部发育。锌、铁、钙、蛋白质：必备的营养素。蔬菜、水果：具有丰胸健美的功效。

药膳类：红枣、山药、桂圆、川芎等，都有活血、补血、补气的效用。

除此之外，还有以下几种食品对胸部健康也非常重要。

1. 杂粮。如谷类、玉米等，经常食用，对乳房具有保健作用。

2. 大豆。大豆和由大豆加工而成的食品中含有异黄酮，这种物质能够降低女性体内的雌激素水平，减少乳房不适。对于少女来说，黄豆和猪蹄能为其补充大量的蛋白质，特别是胶原蛋白，有利于胸部发育。

3. 坚果、种子类食物。含卵磷脂及蛋白质的花生，含丰富蛋白质的杏仁、核桃、芝麻等，都含有大量的抗氧化剂，可起到抗癌的功效；红枣能生津调节内分泌，促进第二性征发育。大多数坚果、种子类食物还可增加人体对维生素E的摄取，而摄取丰富的维生素E能让乳房组织更富有弹性。

4. 海带。海带能辅助治疗乳腺增生。由于它含有大量的碘，可促使卵巢滤泡黄体化，调节内分泌系统，降低女性患乳腺增生的风险。海带还有滋阴养血之功，适用于阴虚体弱、乳房失养而致乳房扁平者。

5. 鱼类及海产品。黄鱼、甲鱼、泥鳅、带鱼、章鱼、鱿鱼、海参、牡蛎以及海带、海蒿子等，富含人体必需的微量元素，有独特的保护乳腺的作用。

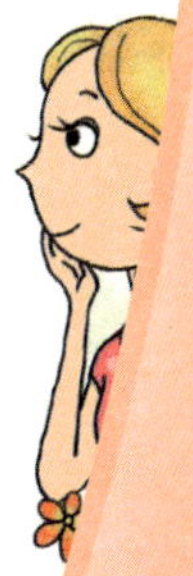

使臀部变美的饮食：

减少动物性脂肪的摄取，会让臀部变得结实，免除松弛与下垂的困扰。对于少女来说，不可食用过多的奶油或乳酪，这些食品不仅易使血液倾向酸性，让人易于疲劳，也会让脂肪囤积于下半身，造成臀部下垂。

一些女性成年之后发现自己的身材非常不协调，上身非常纤瘦，可却拥有臃肿的臀部与双腿。一般来说，这是因为钾摄取不足，足量的钾可以促进细胞新陈代谢，顺利排泄毒素与废物。如果钾摄取量不足，细胞代谢会产生障碍，使淋巴循环减慢，细胞排泄废物越来越困难；加上地心引力的影响，囤积的水分与废物在下半身累积，于是形成臃肿的臀部和腿部。

所以，你从少女时代就要注意保证钾的摄取量在身体里的平衡。一旦你已经出现上身纤细、下身臃肿的不协调体形，那么就要减少钠的摄取量而增加钾的摄取量。过量的钠会妨碍钾的吸收，所以必须少吃太咸与太辣的食物，这些都是钠的来源。糙米饭、全麦面包、豆类、花椰菜、青菜、水果等含有大量的钾元素，有助于排出体内多余水分，促进细胞排泄废物，令你的下半身更苗条。

除此之外，南瓜、甘薯、芋头等富含纤维素，可以促进胃肠蠕动，降低便秘概率，进而塑造纤瘦且健美的下半身。

使腿部纤细的饮食：

1. 芝麻。它提供人体所需的维生素E、维生素B_1、钙质，芝麻含有的亚麻仁油酸可以祛除附在血管内的胆固醇，促进新陈代谢，让你轻松瘦腿。

2. 番茄。番茄富含维生素A、维生素C、维生素B_1、维生素B_2以及胡萝卜素和钙等元素。它有利尿以及祛除酸痛的功效。需要注意的是，番茄尽量生吃，如做成沙拉、果汁或直接吃都可以，因为经过烹饪后的番茄，营养会大量流失。

3. 葡萄柚。它有独特的枸橼酸成分，能使新陈代谢更顺畅，热量低，含钾量却很高。

4. 香蕉、苹果、木瓜。香蕉富含钾，可以瘦腿，但有明显水肿和需要禁盐的病人不宜多吃。苹果含钙量比一般水果丰富得多，有助于代谢掉体内多余盐分。苹果中富含粗纤维，可促进肠胃蠕动，协助人体顺利排出废物，减少有害物质对皮肤的危害。木瓜是维生素A含量很高的一种水果，还富含维生素C和钙。木瓜中含有一种酵素，能消化蛋白质，有利于人体对食物进行消化和吸收，故有健脾之功效。

5. 猕猴桃。猕猴桃含钙量比一般水果丰富得多，有助于体内多余盐分的代谢。它的纤维可以促进热量代谢，防止下半身肥胖。

6. 西瓜。它的酸柠檬黄素富含排毒元素，能使盐分大量排出，尤其是对于容易水肿的小腿更有效果。此外，它的钾含量也很高，可以起到修饰双腿线条、塑造腿部肌肉的作用。

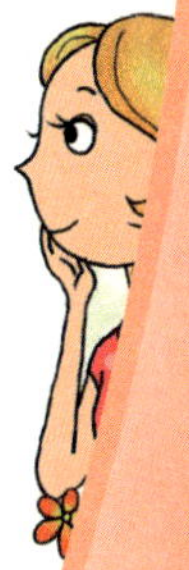

提高人体免疫力的食物：

中医学认为，蜂蜜味甘，入脾、胃二经，能补中益气、润肠通便，是一年四季均可挑选的食品。尤其是春季，饮用蜂蜜，能提高人的免疫力。春天人多易感冒，而蜂蜜含有多种矿物质、维生素，还有清肺解毒的功效，故能增强人体免疫力。

对于少女来说，我们应该把时间更多地用到学习中去，最好的保养方法还是那个最简单的原则，即不挑食，不偏食。

读者来信：

头发缠成一团怎么办

问

我的头发又长又少。起床时头发总是缠结在一起，这就意味着我不得不去洗澡，可是我不想每天早上都洗澡啊！我该怎么办？

答

为了不让头发缠结在一起，你可以在睡觉的时候把头发编成宽松的辫子或者用发圈将头发松松地扎起来，注意不要扎得太紧。

你早上梳头的时候，可以先从发梢开始，一只手抓着一小把头发，同时另一只手梳发梢。沐浴时，要使用护发素或者能让头发柔顺的洗发乳。定期修剪头发，可以考虑把头发剪短一些。稍微剪短一些可以大大减少梳理头发的时间和麻烦。

读者来信：

减肥计划坚持不下来怎么办

问

我的减肥计划总是不能坚持下去，饮食上一旦某一天没有坚持住，接下来就是暴饮暴食；制订好的运动计划更是一拖再拖，每一天都有推托的理由。这样下去感觉好绝望啊，我该怎么办？

答

不是计划问题，是你的心理问题，也是许多减肥者共同存在的问题。一开始下定决心要减肥，凭着热情坚持一段时间后，就在身体反应进入最艰难的时候，坚持不下去了，于是放弃运动，一切又恢复到原来的状态。其实，在减肥最困难的时候咬咬牙闯过这个难关就好了。减肥失败的根本原因还是恒心和动力不够。只要按饮食计划或健身教练的科学方法成功坚持下去，你就能突破自我，养成习惯，顺利达到减肥的目的。

另外，有些女孩需要注意，其实她们并不是很胖，在标准体重范围上下不必减肥，健康才是最重要的。平时多吃蔬菜水果，膳食平衡，注意多运动，就能拥有匀称、健美的体形。

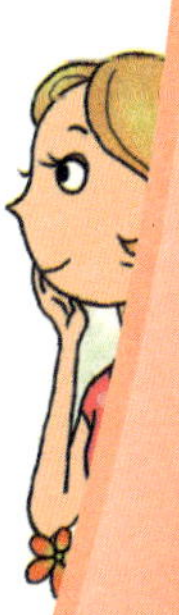